उपयोगी आविष्कार

चित्रांकन : सुरेन्द्र सुमन

चिल्ड्रन्स बुक ट्रस्ट, नई दिल्ली

चिल्ड्रन्स बुक ट्रस्ट द्वारा आयोजित हिन्दी बाल-साहित्य लेखन प्रतियोगिता के लोकप्रिय विज्ञान वर्ग में पुरस्कृत रचनाओं को **उपयोगी आविष्कार** पुस्तक में सम्मिलित किया गया है।

UPYOGI AAWISHKAR

संपादन : महेन्द्र यादव

पुनर्मुद्रण 2002, 2004, 2006, 2007, 2010, 2011, 2012, 2013, 2017, 2019 (दो बार).

ISBN 81-7011-922-7

चिल्ड्रन्स बुक ट्रस्ट, नेहरू हाउस, 4 बहादुरशाह ज़फर मार्ग, नई दिल्ली-110002 द्वारा प्रकाशित एवं न्यास के इंद्रप्रस्थ प्रेस में मुद्रित। दूरभाष : 23316970-74 फैक्स : 23721090 ई-मेल : cbtnd@cbtnd.com
वेबसाइट : www.childrensbooktrust.com / www.childrensbooktrust.org

भूमिका

आज के युग में हम विज्ञान और वैज्ञानिक आविष्कारों और खोजों के इतने अभ्यस्त हो चुके हैं कि हमारा ध्यान ही नहीं जाता कि इनकी शुरुआत कैसे और किन परिस्थितियों में हुई होगी।

जाने-अनजाने या शौकिया तौर पर बनाए गए छोटे या आसान-से लगने वाले यंत्र धीरे-धीरे परिष्कृत होते चले गए। एक समय ऐसा भी आया जब मसखरों या फालतू लोगों के दिमागी फित्तूर समझे जाने वाले ये यंत्र मानव के लिए व्यावहारिक सिद्ध होने लगे। इनका महत्व समझ, इनका व्यवसायीकरण हुआ और इन्हें ऐसा रूप दिया जाने लगा कि आम आदमी इनका उपयोग कर सके। स्वाभाविक रूप से वह स्थिति भी आ गई, जब हम इनके बगैर जीवन की कल्पना भी नहीं कर पाते। साइकिल ऐसा ही आविष्कार है। परिवहन के क्षेत्र में रेलगाड़ी भी बहुत छोटे स्तर से शुरुआत कर वर्तमान स्वरूप में पहुंची है।

आकाश में छिपे रहस्यों को जानने की मानव की इच्छा ने वायुयान से भी आगे जाकर रॉकेट का निर्माण किया। युद्ध संबंधी मामलों में इनका रूप मिसाइल के रूप में सामने आया।

शारीरिक श्रम और समय की बचत के उद्देश्य को लेकर कृत्रिम मानव के रूप में यंत्र-मानव बनाए गए, जिन्हें हम रोबोट के नाम से बेहतर जानते-पहचानते हैं।

कुछेक खोजें भी ऐसी हैं, जिनकी वजह से अन्य यंत्रों की क्षमता बेहिसाब बढ़ गई है। अतिचालकता या *सुपर कंडक्टिविटी* की खोज के साथ ही विज्ञान का नया दौर शुरू हुआ, जिसमें नए-नए आयाम जुड़ने की अभी अनेक संभावनाएं मौजूद हैं।

प्रस्तुत पुस्तक में इन सब आविष्कारों और खोजों के उद्भव, विकास और प्रचलन के बारे में ज्ञानवर्धक जानकारी दी गई है।

हमें विश्वास है कि यह पुस्तक विज्ञान के प्रति दिलचस्पी पैदा करने और ज्ञानवर्धन में सफल होगी।

अनुक्रम

साइकिल का
प्रारंभिक रूप

साइकिल

जिस प्रकार आधुनिक सभ्यता के विकास में मशीनों अर्थात यंत्रों का महत्वपूर्ण योगदान रहा है, उसी प्रकार यंत्रों के विकास में पहिये की महत्वपूर्ण भूमिका रही है। मशीन का आविष्कार सही अर्थों में पहिये से ही प्रारंभ हुआ। जिस दिन मानव ने पहिये का प्रयोग सामान को ढोने के लिए किया होगा, संभवतः उसी दिन उसके मस्तिष्क में अभियांत्रिकी का जन्म हुआ होगा। पहिये के इस विकास-क्रम में दो पहियों वाली साइकिल वास्तव में एक क्रांतिकारी आविष्कार सिद्ध हुई। साइकिल शुरू से ही मनुष्य के लिए परिवहन का इतना निजी साधन बन गई, मानो वह कोई पृथक वस्तु न होकर उसका अंग ही हो। शायद इसीलिए, जिस तरह मां की गोद में बच्चा सवारी नहीं कहलाता, ठीक उसी तरह साइकिल पर बैठा व्यक्ति भी सवारी की श्रेणी में नहीं माना जाता। मनुष्य और मशीन के घनिष्ठ संबंध का इससे बेहतर उदाहरण और क्या हो सकता है? आइए, मनुष्य के इसी घनिष्ठ मित्र की विकास-यात्रा पर एक नजर डालें।

जर्मनी के बेडेन राज्य के मैनहीम नगर का एक 28 वर्षीय युवक शाही घराने से संबंध रखने वाले एक धनी पिता का पुत्र था। वह स्वयं था तो वन विभाग का अधिकारी, किंतु कुछ नया कर दिखाने की ललक उसमें प्रारंभ से ही थी। जंगल का निरीक्षण करते हुए उसने लकड़ी ढोने वाले मजदूरों को चलते हुए देखा तो उसका ध्यान उनके चलने के ढंग की ओर गया। उसने देखा कि मनुष्य का एक पैर जब अगले स्थान के लिए उठता है तो शरीर का सारा बोझ दूसरे पैर पर केंद्रित हो जाता है। इस क्रिया में शरीर का एक भाग थोड़ा झुक भी जाता है। उसने किसी ऐसे तरीके के बारे में सोचना शुरू किया, जिससे चलते समय शरीर का बोझ पैरों पर बिल्कुल न रहे, साथ ही शरीर सीधा एवं तना हुआ रहे। पैरों को शरीर के भार से मुक्त करने के लिए इस युवक ने कई प्रयोग किए। लकड़ी के लट्ठे पर बैठकर लुढ़का, बांस की खपच्चियों पर बैठकर अपने को सरकाया, किंतु उसके ये प्रयास निरर्थक रहे।

तथापि कार्ल फ्रिडरिच क्रिश्चियन लुडविग फ्रीहर ड्रेसवान सौयेर ब्रोन नाम के इस युवक ने हार नहीं मानी। अंततः

उसने लकड़ी का एक यंत्र बना ही लिया। इस यंत्र में लकड़ी के दो गोल पहिये एक-दूसरे की सीध में लगे हुए थे। ऊपर काठ की एक घिरनी से उन्हें जोड़ा गया था। दोनों पहियों के मध्य घोड़े की जीन की भांति थोड़ा-सा स्थान था, जो बैठने के लिए बना था। दिशा नियंत्रण के लिए अगले पहिये के ऊपर लकड़ी का एक दस्ता लगा हुआ था।

ड्रेसवान की यह साइकिल आज की साइकिलों से सर्वथा भिन्न थी। उन दिनों शाही परिवार के लोग पालतू पशुओं द्वारा खींचे जाने वाले वाहनों पर यात्रा करते थे। साधारण लोगों के लिए उनके पैर ही परिवहन के एकमात्र साधन थे। ऐसी परिस्थितियों में ड्रेसवान के इस काठ के घोड़े ने लोगों को काफी आकर्षित किया।

सरपट दौड़ा काठ का घोड़ा

यह 1813 की घटना है। मैनहीम की सड़कों पर ड्रेसवान अपने इस काठ के घोड़े पर बैठकर प्रतिदिन सुबह की सैर पर निकलता। लोग रास्ते के किनारों पर खड़े होकर आश्चर्यचकित हो, उसके इस करिश्माई घोड़े को देखते। कुछ जो घोड़े पर यात्रा करने में सक्षम थे, ड्रेस के इस नकली घोड़े को देखकर हँसते, किंतु ड्रेसवान ने इसकी परवाह नहीं की। वह अपने काठ के घोड़े की सीट पर बैठकर पैरों को बारी-बारी से आगे बढ़ाकर गाड़ी में वेग उत्पन्न करता और थोड़ी गति आ जाने पर अपने दोनों पैर ऊपर उठा लेता। काफी देर तक गाड़ी वेग के प्रभाव से दौड़ती रहती और किसी स्वचालित गाड़ी के चलने जैसा आनंद देती।

अपने इस यंत्र को सबसे तेज दौड़ने वाले वाहन के रूप में मान्यता दिलाने के लिए ड्रेसवान ने मैनहीम से कार्ल्सरुहे तक की चालीस मील की यात्रा चार घंटे में पूरी की। पैदल चलने पर यह यात्रा सोलह घंटे में पूरी होती थी। कुछ दिनों बाद ड्रेस ने कार्ल्सरुहे से लारेन प्रांत की राजधानी स्ट्रासबर्ग तक की यात्रा की। इन दोनों यात्राओं से ड्रेसवान के इस अद्‌भुत वाहन का खूब प्रचार हुआ। बेडेन राज्य द्वारा उसे इसका पेटेंट प्राप्त हुआ। उन दिनों जर्मनी छोटे-छोटे राज्यों में बंटा हुआ था। पेटेंट संबंधी कानून इतने सख्त नहीं थे। एक राज्य द्वारा जारी किया गया पेटेंट उसी राज्य की सीमाओं के अंदर लागू होता था। इस पेटेंट से ड्रेसवान को कोई लाभ नहीं मिल सका। सन 1851 में जब वह मरा तब उसकी जेब में सिर्फ 52 मार्क्स ही थे।

ड्रेसवान को अपने इस आविष्कार के कारण कोई विशेष सम्मान तो नहीं मिला,

किंतु उसका यह आविष्कार विदेशों में भी प्रचारित होने लगा था। लंदन तथा पेरिस जैसे शहरों में यह अमीर घरों की शोभा बन गया। इंग्लैंड के शाही घराने के लोग सुबह-शाम की सैर इसी से करने लगे। जर्मनी में कुछ मजाकिया लोगों ने इसे 'काठ का घोड़ा' कहा जबकि इंग्लैंड में यह *हॉबीहॉर्स* के नाम से मशहूर हुआ। इंग्लैंड में *हॉबीहॉर्स* को चलाने का प्रशिक्षण देने के लिए प्रशिक्षण स्कूल भी खुल गए। इन स्कूलों के चिकने फर्श पर रईस घरों के युवक-युवतियां गोलाई में *हॉबीहॉर्स* को चलाकर अपना मन बहलाया करते थे।

ड्राइसिन

ड्रेसवान का *हॉबीहॉर्स* कई वर्षों तक शाही परिवार तथा रईस घरों के युवक और युवतियों के लिए खेल की वस्तु ही बना रहा।

यद्यपि जर्मनी के कुछ इंजीनियरों ने ड्रेसवान के नाम पर इसका नाम ड्राइसिन रखकर इसमें कुछ सुधार भी किए किंतु जैसी कि ड्रैसवान की इच्छा थी, यह व्यावहारिक सवारी नहीं बन सकी। दरअसल इसमें कुछ महत्वपूर्ण सुधारों की आवश्यकता थी।

सन 1839 में स्काटलैंड के डम्फ्रीज नगर के निकट कोर्टहिल नामक स्थान पर रहने वाले कर्क पेट्रिक मैकमिलन नाम के एक साधारण लुहार ने इसमें सुधार करके इसे व्यावहारिक रूप देने का संकल्प लिया। पेशे से लुहार मैकमिलन के पास औजारों की कमी न थी। साथ ही उसके पास कई वर्षों का अनुभव भी था। तीन वर्षों तक लगातार प्रयत्न करने के बाद मैकमिलन *हॉबीहॉर्स* में कुछ सुधार करने में कामयाब हो गया।

अब ड्रेसवान की उस एकलीकी गाड़ी पर बैठने वाले व्यक्ति को अपने पैरों को बार-बार जमीन पर रखने की आवश्यकता नहीं थी, न ही अब इसे पैर से धकेलने की जरूरत थी। सवार अब इसकी सीट पर बैठे-बैठे ही इसे चला सकता था।

किसी पहिये को घुमाने के लिए उसकी धुरी में कोई डंडा समकोण बनाते हुए जोड़ दिया जाए और उस डंडे में कोई आड़ा दस्ता लगा दिया जाए तो उस दस्ते को पकड़कर ऊपर-नीचे घुमाने से पहिया भी घूमने लगता है। पहिये का यह भाग *क्रैंक* कहलाता है। मैकमिलन ने इस *क्रैंक* को ड्राइसिन के पिछले पहिए में लगाया। सन 1842 में मैकमिलन ने ड्राइसिन का सुधरा हुआ रूप जनता के सामने पेश किया। अपने सुधारों की महत्ता और उपयोगिता को दर्शाने के लिए मैकमिलन ने उसी वर्ष डम्फ्रीज से

ग्लासगो तक की चालीस मील की यात्रा ड्राइसिन से की। इस यात्रा में उसे दो दिन लग गए; फिर भी वह संतुष्ट था क्योंकि यह पहले से अधिक सुविधाजनक हो गई थी।

मैकमिलन ने अपने इस वाहन से फ्रांस, स्विट्जरलैंड और यूरोप के कई देशों तथा संपूर्ण जर्मनी की यात्रा की। इस यात्रा से उसे कुछ लाभ हुआ तो कुछ हानि भी हुई। कई स्थानों पर लोगों ने उसका कड़ा विरोध किया।

एक स्थान पर तो उसे बड़ी दयनीय स्थिति से गुजरना पड़ा। हुआ यों कि ड्राइसिन की सवारी का प्रदर्शन करते समय सामने एक बच्चा आ गया। मैकमिलन चिल्लाया किंतु बच्चे ने ध्यान नहीं दिया। सड़क पर ढाल होने के कारण मैकमिलन अपनी ड्राइसिन को रोक नहीं पाया और उसकी टक्कर बच्चे से हो गई। साइकिल के इतिहास में यह पहली दुर्घटना थी। 'जनता की सुरक्षा को खतरे में डालने' के आरोप में मैकमिलन पर पांच शिलिंग का जुर्माना कर दिया गया।

मैकमिलन ने ड्राइसिन में सुधार करते समय पहिया घुमाने के लिए जो *क्रैंक* लगाया था, उसे गति प्रदान करने के लिए उसमें एक छड़ जुड़ी थी। उसी को आगे और पीछे खींची जा सकने वाली उपकरणिकाएं पैर से गतिशील की जाती थीं।

यह तो हम जानते ही हैं कि किसी डंडे आदि को बीच में कहीं टेक देकर किसी वस्तु को हटाने या उठाने की युक्ति लगाई जाती है। इसे उत्तोलक या लीवर कहते हैं। ड्राइसिन में लगा *क्रैंक* भी उत्तोलक ही था। रेलगाड़ी के इंजनों में भाप से शक्ति पैदा करने वाले सिलेंडरों में अंदर-बाहर आने-जाने वाली लोहे की छड़ों को पिस्टन कहा जाता है। इसी पिस्टन से दूसरी लोहे की छड़ संबद्ध होती है, जो पहिये की धुरी से जुड़ी होने के कारण पहियों को घुमाने का महत्वपूर्ण काम करती है। पहियों की धुरियों में बाहर की ओर एक अर्धगोलाकार भाग होता है। उसे ऊपर- नीचे करने के लिए ही पिस्टन से संबद्ध छड़ या उत्तोलक गति करता है। पिस्टन के आगे-पीछे होने पर उससे संबद्ध छड़ भी आगे-पीछे होती है। इसी तरह की युक्ति मैकमिलन ने अपनी ड्राइसिन में की थी, किंतु यह युक्ति बड़ी कष्टसाध्य थी। पहियों को गति देने के लिए सवार को दंडवत हो जाना पड़ता था। मैकमिलन के सुधार के लगभग दस वर्ष बाद जर्मनी के ही एक यंत्रकार ने उत्तोलकों को बराबर आगे-पीछे करने के परिश्रम को दूर करने की युक्ति निकाल ली।

बोन शेकर

आजकल साइकिल सवार को *क्रैंक* में लगा चौड़ा भाग दबाना पड़ता है। इस भाग को पैडल कहते हैं। जब एक पैडल को पैर की सहायता से आगे दबाव डालकर वृत्तात्मक रूप में नीचे की ओर ले जाया जाता है तो दूसरा पैडल उसी अनुपात में ऊपर की ओर आता है। उसे भी दूसरे पैर से उसी ढंग से आगे दबाव डालकर जब वृत्तात्मक रूप से नीचे की ओर ले जाया जाता है तो पहला वाला पैडल फिर घूमकर ऊपर आता है और इस तरह बारी-बारी से दबाए जाने से पीछे का पहिया गतिशील हो जाता है। इस क्रिया में बहुत ही कम श्रम लगता है।

जर्मनी के ही फिलिप हीनरिच फिशर ने साइकिल के पिछले पहिये से *क्रैंक* को निकालकर अगले पहिये की धुरी में लगा दिया जिससे उत्तोलकों को खींचने और धकेलने का झंझट ही न रहा। साथ ही हीनरिच ने साइकिल के सभी अंग लोहे के बना दिए। इससे साइकिल की क्षमता में तो सुधार हुआ किंतु इसका भार बढ़ गया।

भार अधिक होने तथा लोहे के खोखले पहियों के कारण इसे चलाने में शरीर की अच्छी-खासी कसरत हो जाती थी। ऊबड़-खाबड़ रास्तों पर ऐसी साइकिल चलाते समय चलाने वाले की हड्डियां हिल जाती थीं। इसकी इसी विशेषता के कारण इसे 'बोन शेकर' अर्थात 'हड्डी हिलाने वाला' कहा गया।

सन 1866 में अमेरिका के लालमेंट नामक यंत्रकार ने 'बोन शेकर' नाम से इसका पेटेंट भी प्राप्त कर लिया।

पेनी-फार्दिंग

लालमेंट ने ही साइकिल की गति बढ़ाने के लिए इसके अगले पहिये को अप्रत्याशित रूप से बड़ा कर दिया। इससे साइकिल की गति तो बहुत बढ़ गयी किंतु इस पर चढ़ना और उतरना एक दुष्कर कार्य हो गया। किसी पेड़ या दीवार का सहारा लेकर ही इस पर चढ़ा या उतरा जा सकता था। इससे दुर्घटनाएं होने लगीं। इंग्लैंड में इसके बेमेल पहियों की विशेषता के कारण इसका नाम 'पेनी-फार्दिंग' रखा गया। इंग्लैंड में उन दिनों पेनी आज के 25 पैसे के सिक्के की तरह एवं फार्दिंग 50 पैसे के सिक्के की तरह का सिक्का हुआ करता था।

सन 1870 में 'पेनी-फार्दिंग' को उसका वर्तमान नाम बाइसिकिल दिया गया। इसी नाम से इसका पेटेंट भी जारी हुआ। बाइसिकिल शब्द अंग्रेजी के 'बाइ'

और 'साइकिल' शब्दों से बना संयुक्त रूप है। बाइ का अर्थ 'दो' होता है जबकि साइकिल का अर्थ चक्र अथवा आवर्तन होता है।

चेन के लिए बेचैन साइकिल

साइकिल के इस पुराने, विचित्र और हड्डी हिलाऊ रूप को सुधारने का प्रयास किया—लासन नाम के एक ब्रिटिश वैज्ञानिक ने। एक अन्य व्यक्ति हैंस रीनोल्ड स्विट्जरलैंड का निवासी था और इग्लैंड में आकर बस गया था। वह लासन का मित्र था। इन दोनों यंत्रकारों ने सम्मिलित प्रयास करते हुए पेनी-फार्दिंग को चलाने के लिए प्रयोग होने वाले *क्रैंक* को पैडल समेत अगले पहिये से हटाकर दोनों पहियों के मध्य में कर दिया। रीनोल्ड ने घूमने वाली चेन लगाकर उस चेन को पैडल तथा पिछले पहिये की धुरी से लपेट दिया। *क्रैंक* के साथ भी इसी तरह का दांतेदार पहिया लगा दिया। इस प्रकार *क्रैंक* के साथ लगे पैडल को दबाने से पिछला पहिया गतिमान होने लगा। सन 1890 में जेम्स स्टारले नामक यंत्रकार ने दोनों पहियों को समान आकार का कर दिया।

साइकिल का यह रूप आजकल की साइकिलों से काफी मिलता-जुलता था। 'हड्डी हिलाऊ' साइकिल का इतना सुरक्षित और सुविधाजनक रूप वास्तव में जन-साधारण को चकित कर देने वाला था। इसकी इन्हीं विशेषताओं के कारण इसे 'सेफ्टी बाइसिकिल' नाम दिया गया।

सन 1893 में हेनरी ग्रेंडेज नामक एक व्यक्ति ने 'सेफ्टी बाइसिकल' को 35 मील प्रति घंटे की रफ्तार से चलाने का प्रदर्शन किया। इस प्रदर्शन के बाद से साइकिल को सबसे तेज वाहन के रूप में स्वीकार किया जाने लगा।

यद्यपि साइकिल अब काफी सुरक्षित और सुविधापूर्ण वाहन हो गई थी तथापि यंत्रकारों की नजर अभी इस पर से हटी नहीं थी। फ्रांस का सुविरे नामक एक यंत्रकार, जो इसमें सुधार करने के लिए विभिन्न प्रयोग कर रहा

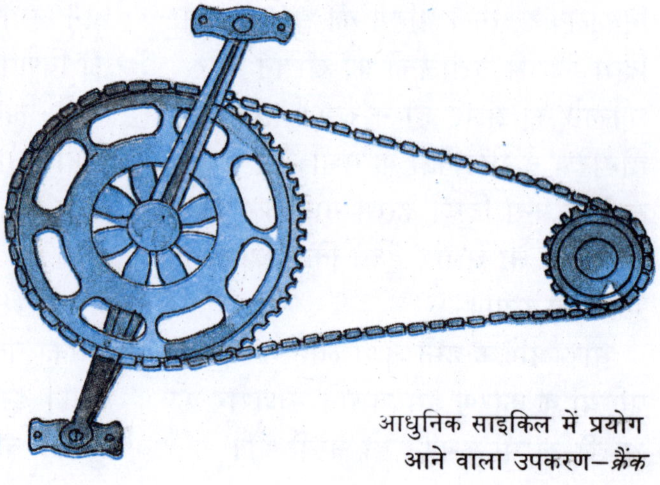

आधुनिक साइकिल में प्रयोग आने वाला उपकरण—*क्रैंक*

था, 1893 में लोहे की छोटी-छोटी गोलियों की सहायता से इसकी रफ्तार तेज करने में सफल हुआ। सुविरे ने धुरियों के अंदर लोहे की गोलियां रखने की युक्ति निकाली। गोलियों की सहायता से पहियों की गति में अप्रत्याशित वृद्धि हुई। साथ ही साइकिल चलाने से होने वाली खड़खड़ाहट भी कम हो गई।

इन्हीं दिनों किसी यंत्रकार ने साइकिल की गति को नियंत्रित करने हेतु ब्रेक लगाने की युक्ति निकाल ली।

टायर और ट्यूब के आविष्कारक
जॉन बायड डनलप

जब साइकिल हवा पर सवार हुई

साइकिलों को आधुनिक रूप में सफल बनाने में महत्वपूर्ण भूमिका निभाई एक पशु-चिकित्सक ने। इस चिकित्सक का पूरा नाम जॉन बायड डनलप था। डनलप स्काटलैंड का निवासी था किंतु वह उत्तरी आयरलैंड के वेलफास्ट नामक नगर में बस गया था।

जॉन बायड डनलप के दस वर्षीय पुत्र जॉनी डनलप के स्कूल में साइकिल-दौड़ आयोजित होने वाली थी। पुत्र ने पिता से साइकिल में कुछ ऐसा उपाय कर देने का आग्रह किया, जिससे उसकी साइकिल अन्य साइकिलों से तेज दौड़े। पुत्र को प्रतियोगिता में विजयी बनाने की इच्छा ने अनजाने में ही एक पशु-चिकित्सक को आविष्कारक बना दिया।

हुआ यों कि बायड डनलप अपने बगीचे में बैठा पुत्र की सहायता करने के तरीके की उधेड़बुन में था कि उसकी नजर बगीचे की सिंचाई के लिए प्रयोग में आने वाले रबड़ के पाइप पर पड़ी। अचानक डनलप के मन में एक विचार कौंधा। उसने तुरंत ही रबड़ के पाइप के दो बराबर टुकड़े काटे और दोनों सिरों को आपस में जोड़ दिया। ये रबड़ के पाइप अब साइकिल के पहियों की परिधि के बराबर के छल्ले बन गए। इन छल्लों में डनलप ने हवा भर दी और उन्हें साइकिल के पहियों पर मढ़ दिया। पहियों से अलग होकर गिरने से रोकने के लिए डनलप ने इन्हें

जगह-जगह पर डोरियों से बांध दिया।

जॉन बायड डनलप द्वारा अनजाने में आविष्कृत यही प्रणाली बाद में वायवीय ट्यूब के निर्माण का आधार बनी। अपने इस आविष्कार से अनभिज्ञ डनलप अपने पुत्र और उसके मित्रों की साइकिलों के पहियों पर रबड़ का पाइप चढ़ाने में व्यस्त था कि उसके एक मित्र ने सुझाया कि वह अपने इस आविष्कार का पेटेंट करा ले।

सन 1888 में डनलप ने अपने इस आविष्कार का पेटेंट कराया। पेटेंट होते ही विलियम हार्वी डी क्रोस नामक एक व्यवसायी ने डनलप से यह पेटेंट खरीद लिया और टायर एवं ट्यूब बनाने का कारखाना खोल दिया। विलियम ने डनलप को अपने इस कारखाने का साझेदार भी बना लिया।

डनलप के इस आविष्कार ने साइकिल ही नहीं परिवहन के समस्त साधनों पर अपना प्रभाव डाला। हवा भरे रबड़ के ट्यूब-टायरों ने न केवल मार्ग के सारे झटके सहकर सवार को सुरक्षा प्रदान की बल्कि वाहन की गति को भी बढ़ा दिया। आज डनलप के टायर सारी दुनिया में इस्तेमाल हो रहे हैं। साइकिल हो या स्कूटर, ट्रक हो या ट्रैक्टर, मोटर हो या हवाई जहाज, सभी में इनका इस्तेमाल होता है। पतली और मजबूत रबड़ की ट्यूब में भरी हवा और उस पर सुरक्षा कवच के रूप में चढ़ा टायर रफ्तार तो बढ़ाता ही है, यात्रा को सुरक्षित और सुगम भी बना देता है।

साइकिल उद्योग

फ्रांस के एर्नेस्ट माइचोक्स नामक एक व्यक्ति ने पेरिस में साइकिलों के निर्माण का पहला कारखाना खोला। इन्हीं दिनों इंग्लैंड में भी साइकिल-निर्माण के कई कारखाने खुले। यह 1870 के आसपास की बात है। तब साइकिल जन-साधारण के लिए नहीं बल्कि कुछ धनाढ्य वर्ग के युवाओं के लिए होती थी।

भारत में साइकिलों का उत्पादन 1942 से शुरू हुआ जबकि पहली बाइसिकिल कंपनी 'हिंद साइकिल्स' मुंबई में स्थापित हुई। इसके बाद साइकिल-निर्माण के क्षेत्र में तीन और कंपनियां उतरीं, किंतु उनमें से हरक्यूलिस ही सफल हो पाई। शेष दो कंपनियां शीघ्र ही बंद हो गईं।

स्वतंत्रता के बाद आर.एम.आई., एटलस, हीरो, ए-वन आदि कंपनियां स्थापित हुईं। ये कंपनियां घरेलू उपयोग के लिए साधारण साइकिलों के अतिरिक्त छोटे बच्चों के लिए तिपहिया साइकिलों तथा युवाओं के लिए फैशनेबल साइकिलों और शरीर को चुस्त-दुरुस्त बनाए रखने

के लिए फिटकिट एक्सरसाइजर साइकिलों का निर्माण भी करती हैं।

कुछ कंपनियों ने गियर वाली साइकिलों तथा कुछ ने पेट्रोल से चलने वाली साइकिलों का निर्माण भी किया, किंतु ये सफल नहीं हो सकीं।

सन 1962 में एलेक्स मोल्टन नाम के एक जर्मन इंजीनियर ने छोटे पहियों वाली हल्की और तह होने वाली (फोल्डिंग) साइकिल का निर्माण किया। इस साइकिल में अपने भार से दस गुना अधिक भार उठाने की क्षमता थी।

आज के संदर्भ में साइकिल एक उत्तम सवारी है। पेट्रोल की बढ़ती कीमतों, महानगरों की सड़कों की ठसाठस भीड़, घरों में बड़े वाहनों को रखने के लिए स्थान के अभाव, साथ ही पेट्रोल एवं डीजल वाहनों से नित्य प्रति प्रदूषित होते वातावरण को और अधिक प्रदूषित होने से बचाने के लिए साइकिल को सबसे उपयुक्त साधन माना जा सकता है। इसके कल-पुर्जे एक आम आदमी द्वारा स्वयं ही खोले एवं फिर से लगाए जा सकते हैं। स्कूटर या कार की भांति इसे सुधारने के लिए किसी दक्ष व्यक्ति की आवश्यकता नहीं होती। यह अपने भार का बारह गुना अधिक भार ढो सकती है और मनुष्य के दौड़ने की रफ्तार से छह गुना अधिक तेजी से भाग सकती है।

रेलगाड़ी

आधुनिक परिवहन की दुनिया में जितनी लोकप्रियता रेलगाड़ियों को मिली है, उतनी मोटरकारों, बसों, वायुयानों या जलयानों को नहीं मिली। रेलगाड़ियां हमें देश के भीतर ही एक स्थान से दूसरे स्थान की सैर नहीं करातीं, बल्कि एक देश से दूसरे देश की भी सैर कराती हैं। इसके अलावा ये लाखों टन माल भी ढोती हैं।

रेलगाड़ी का शुभारंभ कब हुआ? कैसे हुआ? रेलगाड़ी ने अपने विकास का मार्ग किस प्रकार तय किया? आजकल कितने प्रकार की रेलगाड़ियां चल रही हैं? क्या भूमि के अंदर भी रेलगाड़ियां चलती हैं? क्या हवा में चलने वाली रेलगाड़ियों का भी आविष्कार हो चुका है? ऐसे प्रश्नों के उत्तर आपको इस लेख में मिलेंगे।
उदाहरण के लिए आपको यह जानकर आश्चर्य होगा कि विश्व का सबसे बड़ा रेलवे प्लेटफार्म पश्चिम बंगाल के खड़गपुर रेलवे स्टेशन का है। इस प्लेटफार्म की लंबाई 2,733 फुट है। विश्व के सबसे लंबे बीस रेलवे प्लेटफार्मों में से नौ भारत में हैं। विश्व का सबसे बड़ा रेलवे प्रतीक्षालय पेंकिंग रेलवे स्टेशन का है। इसमें चौदह हजार व्यक्ति ठहर सकते हैं। विश्व का सर्वाधिक ऊंचाई पर बना स्टेशन बोलिविया का कोंडोर रेलवे स्टेशन है। यह 15,705 फुट की ऊंचाई पर है।

पटरियों की कहानी

प्राचीन यूनान के निवासी धार्मिक अवसरों पर अपनी गाड़ियों को नलियों में फंसाकर खींचते थे। ये तीन इंच चौड़ी और छह इंच गहरी होती थीं तथा एक-दूसरे से लगभग चार फुट की दूरी पर होती थीं। इसी तरह भारी नौकाओं व समुद्री जहाजों को जमीन से पानी तक ले जाने के लिए लकड़ी की समानांतर पटरियों का उपयोग किया जाता था।

पटरियों की शुरुआत खदानों में प्रयोग की जाने वाली ट्राम गाड़ियों के लिए की गई। ये पटरियां लकड़ी की थीं। दो पटरियों को एक-दूसरे के समानांतर इस तरह बिछाया गया कि उनके मध्य एक इंच की दूरी रहे। इस पर चलने वाली गाड़ी के पहियों के बीच में लोहे का एक रोधक लगा होता था, जो गाड़ी को पटरियों से नीचे नहीं उतरने देता था।

नार्थम्ब्रियन के एक खदान मालिक के

मन में एक नया विचार आया। उसने दोनों समानांतर पटरियों को स्लीपर्स की सहायता से जोड़ दिया। इस प्रकार पटरियों के बीच की दूरी बढ़ गई तथा इस पर बड़ी और भारी गाड़ियां खींचना संभव हो गया। भारी गाड़ियों का प्रयोग होने से लकड़ियां जल्दी घिसने लगीं, अतः उन पर मोटे लोहे की परत चढ़ा दी गई, लेकिन ऐसा करने से गाड़ियों के लकड़ी के पहिए जल्दी घिसने लगे। अतः पहिए भी लोहे के बनने लगे।

अठारहवीं सदी के अंत में एक इंजीनियर के मस्तिष्क में एक नया विचार आया। उसने पटरियों के स्थान पर मुड़ी कोर के पहिए बनाने का सुझाव दिया। यह तरीका बड़ा सस्ता व सरल था। अतः इसे शीघ्र ही अपना लिया गया। कुछ समय बाद इंग्लैंड के ही एक अन्य इंजीनियर जेसप ने ऊपर-नीचे से चौड़ी और बीच से पतली पटरियों का आविष्कार किया। आज भी ऐसी ही पटरियों का उपयोग किया जा रहा है। विश्व में इस समय अनेक प्रकार की पटरियों का प्रचलन है। सबसे चौड़ी पटरी का गेज साढ़े पांच फुट होता है। इसका उपयोग भारत, पाकिस्तान, स्पेन,

खदानों में प्रयोग की जाने वाली गाड़ी

पुर्तगाल, श्रीलंका, बंगलादेश, चिली तथा अर्जेंटाइना में किया जाता है। सबसे कम चौड़ी पटरी का गेज मात्र सवा दस इंज होता है।

प्रारंभिक भाप-इंजन

सन 1769 में एक फ्रांसीसी वैज्ञानिक निकोलस जोसेफ कूग्नो ने भाप से चलने वाली एक गाड़ी का निर्माण किया। यह गाड़ी 3.6 किलोमीटर की गति से चल सकती थी। कूग्नो ने इसे एक तोपगाड़ी के रूप में तैयार किया था। यह गाड़ी बहुत शोर करती थी, चिनगारियां छोड़ती थी तथा इस पर घोड़ागाड़ी से अधिक खर्च आता था। कुछ समय बाद इसका एक पहिया टूट गया, जिससे यह उलट गई। यह गाड़ी विशेष उपयोगी नहीं थी, अतः

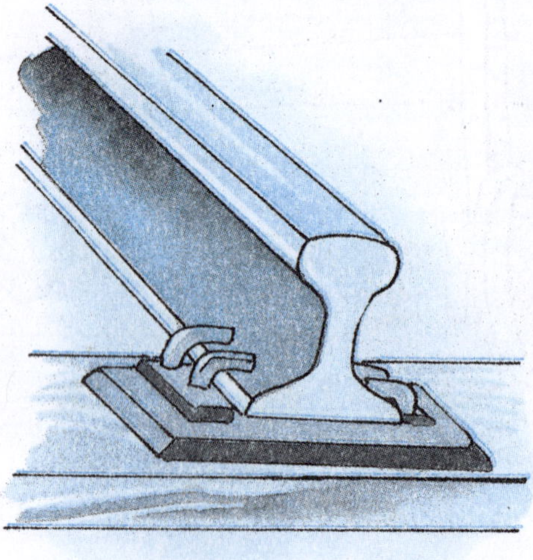

रेल की पटरी का जोड़

इसे शस्त्रागार में डाल दिया गया। कूग्नो द्वारा बनाई गई दूसरी भापगाड़ी अभी भी पेरिस के कला संग्रहालय में सुरक्षित है।

सन 1770 में एक अमेरिकी वैज्ञानिक ओलिवर इवान्स ने भाप से चलने वाली एक गाड़ी तैयार की, लेकिन उसका प्रयोग असफल रहा। सन 1786 में एडिनबर्ग के विलियम साइमिंग्टन का भाप से चलने वाला इंजन भी सफल नहीं हो सका। इसी समय गैस-बत्ती के आविष्कारक विलियम मार्कोड ने भी भाप से चलने वाली एक गाड़ी बनाई, लेकिन वह भी कामयाब नहीं हुई।

विश्व की प्रथम रेलगाड़ी

सन 1790 में कोर्निस के एक युवा इंजीनियर रिचर्ड ट्रेविथिक ने अपने वर्कशॉप में भाप से चलने वाले कुछ इंजनों के मॉडल तैयार किए।

ट्रेविथिक सड़क-परिवहन के लिए एक शानदार इंजन-गाड़ी बनाना चाहता था। वह दस वर्षों तक अपने प्रयास में लगा रहा। अंत में 1801 में उसे लोहे की एक बड़ी इंजन-गाड़ी बनाने में सफलता मिली। इस इंजन में एक चिमनी लगी थी तथा आस-पास सवारियों के बैठने का स्थान था।

ट्रेविथिक की इंजन-गाड़ी सड़क पर

रिचर्ड ट्रेविथिक

किए गए परीक्षण में सफल रही, लेकिन जब यह सड़कों पर आग की चिनगारियां छोड़ती हुई और तेज आवाज करती हुई भागी तो लोगों ने इसे भूत समझा और भागकर अपने-अपने घरों में छिप गए।

ट्रेविथिक ने इसी विशेषता के आधार पर विश्व की इस प्रथम इंजन-गाड़ी का नाम *पफिंग डेविल* (छुक-छुक करने वाला शैतान) रखा।

एक बार ट्रेविथिक ने 'बॉक्सिंग डे' पर अपने कुछ मित्रों को *पफिंग डेविल* की सैर कराने के लिए आमंत्रित किया। *पफिंग डेविल* कुछ दूर तक बड़ी तेजी से दौड़ी, लेकिन अचानक उसके इंजन ने काम करना बंद कर दिया। ट्रेविथिक ने गाड़ी वहीं छोड़ी और दोस्तों के साथ दावत में शामिल हो गया।

अचानक चारों तरफ से तीखी गंध आने लगी। ट्रेविथिक *पफिंग डेविल* का इंजन बंद करना भूल गया था। इससे उसका *बॉयलर* सूख गया और उसमें आग लग गई। इस तरह *पफिंग डेविल* का अंत हो गया।

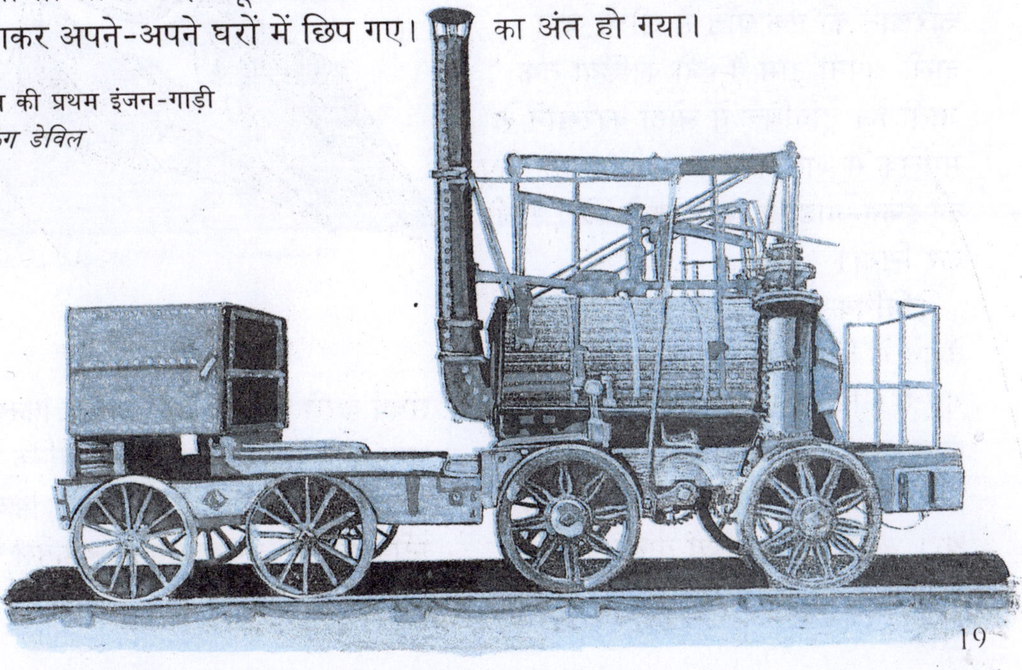

विश्व की प्रथम इंजन-गाड़ी
पफिंग डेविल

ट्रेविथिक बड़ा साहसी व्यक्ति था। उसने 1803 में भाप की दूसरी इंजन-गाड़ी बनाई तथा उसे चलाकर कार्नवाल से लंदन तक ले गया। इस यात्रा में इंजन का कचूमर निकल गया था। ट्रेविथिक ने सोचा कि भाप की इंजन-गाड़ी को सड़कों पर नहीं चलाया जा सकता। अतः उसने पटरी पर भाप से चलने वाली इंजन-गाड़ी तैयार की।

ट्रेविथिक की पटरी पर चलने वाली भाप की इंजन-गाड़ी तो तैयार हो गई, किंतु अब समस्या यह थी कि उसका परीक्षण कहां किया जाए क्योंकि उस गाड़ी के लिए काफी लंबी पटरियों की जरूरत थी। ट्रेविथिक ने इसके लिए बहुत प्रयास किया। एक दिन उसे मालूम हुआ किं साउथ वेल्स में पेन्टी-डारान लोहा कारखाने की एक घोड़े से खींची जाने वाली अपनी ट्राम है, जो कार्डिया तक जाती है। ट्रेविथिक ने लोहा कारखाने के मालिक से बात की तथा उसे अपनी भाप की इंजन-गाड़ी के परीक्षण के लिए राजी कर लिया।

ट्रेविथिक की भाप की इंजन-गाड़ी को देखने के लिए काफी लोग एकत्रित हो गए थे। नियत समय पर भाप की इंजन-गाड़ी को पटरी पर लाया गया। ट्रेविथिक स्वयं इस गाड़ी को चला रहा था। उसकी पांच डिब्बों वाली गाड़ी ने दस टन लोहे और सत्तर सवारियों के साथ दस मील लंबी पटरियों की यात्रा दो घंटे में पूरी कर ली। इस तरह ट्रेविथिक की भाप-इंजन-गाड़ी विश्व की प्रथम रेलगाड़ी बन गई।

जॉर्ज स्टीफेंसन

रेल के विकास में सर्वाधिक महत्वपूर्ण योगदान इंग्लैंड के जॉर्ज स्टीफेंसन का है। जॉर्ज स्टीफेंसन ने अपने जीवन में कठोर

जॉर्ज स्टीफेंसन

संघर्ष करते हुए सर्वप्रथम उत्कृष्ट किस्म के भाप के इंजन ही नहीं बनाए, बल्कि रेलों को व्यावसायिक आधार भी प्रदान किया। स्टीफेंसन का जन्म इंग्लैंड में न्यूकैसल के

निकट वायलाम नामक स्थान पर 1781 में हुआ था। उनके पिता एक कोयला खान में खलासी का काम करते थे। स्टीफेंसन के पिता की आय इतनी कम थी कि वे अपने एक भी बच्चे को स्कूल नहीं भेज सके। स्टीफेंसन को भी अपने अन्य पांच भाई-बहनों के समान बचपन से ही मजदूरी करनी पड़ी। उन्होंने छह वर्ष से नौ वर्ष की उम्र तक अपने एक पड़ोसी की गायों और बतखों की रखवाली का काम किया। उनका मुख्य कार्य गायों और बतखों को खदान की पटरी पर जाने से रोकना था। इस पटरी पर घोड़ों द्वारा खींची जाने वाली गाड़ी चलती थी। नौ वर्ष के होने के बाद उन्हें खदान में कोयला छांटने का काम मिल गया और वे खदानों में नीचे जाने लगे। यहीं स्टीफेंसन ने धीरे-धीरे प्रगति की और सहायक फायरमैन बन गए। इस समय उनकी उम्र अठारह वर्ष थी तथा उन्हें एक अक्षर भी पढ़ना नहीं आता था।

उन्नीस वर्ष की उम्र में स्टीफेंसन ने अपना नाम लिखना सीखा और एक सायंकालीन स्कूल में अध्ययन आरंभ किया। अपना प्रारंभिक अध्ययन पूरा करने के बाद उन्होंने गणित और यांत्रिकी की पढ़ाई शुरू की तथा कुछ ही दिनों में इतनी जानकारी हासिल कर ली, जितनी कि उस समय बड़े-बड़े विश्वविद्यालयों में पढ़ने वाले इंजीनियरों को भी नहीं थी।

उस कोयला खदान के मालिक रेवेंसवर्थ अत्यंत सज्जन तथा मिलनसार व्यक्ति थे। एक दिन स्टीफेंसन ने रेवेंसवर्थ से भेंट की तथा उनसे एक ऐसे इंजन के निर्माण में सहयोग देने के लिए अनुरोध किया, जो खदानों से निकले हुए कोयले को नहर तक ढो सके।

रेवेंसवर्थ को स्टीफेंसन का सुझाव अच्छा लगा, अतः वे उन्हें सभी प्रकार का सहयोग देने के लिए तैयार हो गए।

स्टीफेंसन अपने काम में जुट गए और दो वर्ष के कठोर परिश्रम के बाद उनका पहला इंजन बनकर तैयार हो गया। स्टीफेंसन ने इंग्लैंड के प्रख्यात प्रशासनिक अधिकारी जनरल ब्लूचर के नाम पर इसका नाम 'ब्लूचर' रखा। यह इंजन तीस टन कोयले से लदे आठ डिब्बों को चार मील की गति से खींच सकता था। 'ब्लूचर' आर्थिक दृष्टि से अधिक उपयोगी नहीं था, क्योंकि इसके रख-रखाव में घोड़ों से अधिक खर्च आता था।

स्टीफेंसन का पहला प्रयास सफल रहा। एक वर्ष बाद उन्होंने दूसरा इंजन बनाया। इसमें उन कमियों को दूर कर दिया गया था, जो 'ब्लूचर' में थीं। यह इंजन 'ब्लूचर' से अधिक बोझ ढो सकता था तथा इसकी गति भी अधिक थी।

इस समय तक स्टीफेंसन पूरे इंग्लैंड में

रेनहिल की रेलवे लाइन पर इंजनों की प्रतियोगिता

इंजन-विशेषज्ञ के रूप में प्रसिद्ध हो चुके थे और जगह-जगह उनकी चर्चा हो रही थी। शीघ्र ही उनकी प्रसिद्धि ब्रिटिश संसद तक पहुंच गई और संसद ने ऑकलैंड घाटी में स्टाफटन से डालिंगटन तक रेलवे लाइन बिछाने की अनुमति का विधेयक पारित कर दिया। इस परियोजना में रेलवे लाइन बिछाने तथा इसके लिए इंजन तैयार करने का कार्य स्टीफेंसन को ही सौंपा गया।

स्टीफेंसन का काम सुचारू रूप से चल रहा था, तभी एक समस्या सामने आई। स्टीफेंसन के इंजनों की बढ़ती हुई लोकप्रियता से प्रभावित होकर दूसरे लोगों ने भी इंजन बनाना आरंभ कर दिया। ये लोग स्टीफेंसन के प्रतिद्वंद्वी के रूप में मैदान में उतरे। ब्रिटिश संसद की सभी को अवसर देने की परंपरा होने के कारण लिवरपूल-मैनचेस्टर रेल के उद्घाटन के पहले सभी इंजनों की प्रतियोगिता कराने का निश्चय किया गया।

जॉर्ज स्टीफेंसन द्वारा बनाया इंजन-रॉकेट

पूर्व निश्चित कार्यक्रम के अनुसार रेनहिल के निकट की रेलवे लाइन पर प्रतियोगिता आरंभ हुई। यह प्रतियोगिता अपने आप में बड़ी रोचक थी। आरंभ में इसमें पांच इंजन थे, किंतु एक इंजन को प्रतियोगिता आरंभ होने के पहले ही प्रतियोगिता से बाहर कर दिया गया, क्योंकि इसके भीतर एक घोड़ा छिपाकर खड़ा किया गया था।

प्रतियोगिता में सर्वप्रथम 'रॉकेट' पटरियों पर दौड़ा। उसने तेरह मील प्रति घंटे की गति का प्रदर्शन किया। इसके बाद 'नॉवेल्टी' की बारी आई। 'नॉवेल्टी' ने 'रॉकेट' से दुगनी गति का प्रदर्शन करके सनसनी पैदा कर दी, लेकिन अगले दिन ही उसकी धौंकनी टूट गई और उसे मरम्मत के लिए कारखाने ले जाना पड़ा। इसी तरह 'सांस्परील' का बॉयलर खराब हो गया तथा 'परसीवियरेंस' केवल छह मील प्रति घंटे की गति से दौड़ सका।

अब 'रॉकेट' को दोबारा प्रदर्शन के लिए लाया गया। उसने तेरह टन भार के साथ पंद्रह मील प्रति घंटे की गति का प्रदर्शन करते हुए दो मील लंबी पटरी बीस बार पार की और इसके बाद उनतीस मील प्रति घंटे की गति का प्रदर्शन किया। 'रॉकेट' के बाद 'नॉवेल्टी' तथा 'सांस्परील' को भी दोबारा प्रदर्शन करने का अवसर दिया गया, किंतु वे दोबारा भी टूट गए। इस तरह 'रॉकेट' को विजय प्राप्त हुई। स्टीफेंसन ने इस

खुशी में 'रॉकेट' को पैंतीस मील प्रति घंटे की गति से दौड़ाकर एक बार फिर, सबको चकित कर दिया। 'रॉकेट' की गति को देखकर लोगों ने समझा कि इंजन बेकाबू हो गया है और शीघ्र ही कोई दुर्घटना होने वाली है, किंतु जब 'रॉकेट' सलामी मंच के ठीक सामने आकर रुका और ड्राइवर डिक्सन मुस्कराता हुआ बाहर आया तो लोग खुशी से उछल पड़े।

'रॉकेट' से ही 15 सितंबर 1830 को मैनचेस्टर-लिवरपूल रेलवे लाइन का उद्‌घाटन हुआ। सन 1830 में बना लिवरपूल स्टेशन विश्व का सबसे पहला रेलवे स्टेशन था। (इसे अब एक संग्रहालय के रूप में परिवर्तित कर दिया गया है।)

इंग्लैंड में रेलगाड़ियों के सफल परीक्षण के बाद फ्रांस, जर्मनी तथा दूसरे यूरोपीय देशों में भी रेलगाड़ियां आरंभ हुईं। सभी देशों ने स्टीफेंसन के इंजन की चार फुट साढ़े दस इंच की मानक माप को ही अपनाया। आरंभ में इन देशों को रेल-इंजनों की सप्लाई भी स्टीफेंसन ने की। स्टीफेंसन के जीवन-काल में इंग्लैंड रेल-इंजनों के निर्माण में अग्रणी रहा। सन 1848 में जॉर्ज स्टीफेंसन की मृत्यु हो गई।

विकसित देशों में ट्रेनों का विकास

रेलगाड़ी का आविष्कार अवश्य इंग्लैंड में हुआ था, किंतु इनका सर्वाधिक विकास

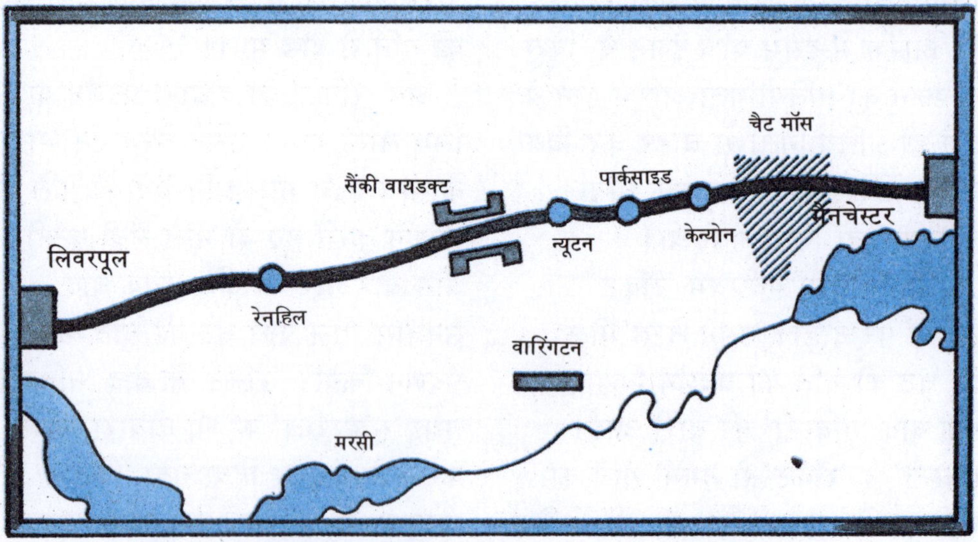

विश्व के प्रथम रेलमार्ग लिवरपूल और मैनचेस्टर का मानचित्र

अमेरिका में हुआ। ट्रेनों के विकास और अमेरिका की व्यावसायिक प्रगति में सीधा संबंध है। अमेरिका के उद्योग-प्रधान पूर्वी क्षेत्र, कृषि-प्रधान पश्चिमी-मध्य क्षेत्र, रुई पैदा करने वाले दक्षिणी क्षेत्र तथा अल्प-विकसित पश्चिमी समुद्र तटीय क्षेत्रों के मध्य 1830 तक किसी प्रकार की कोई संतोषजनक परिवहन व्यवस्था नहीं थी।

अमेरिका में पहली रेलसेवा 1831 में बाल्टिमोर से ओह्यो के मध्य आरंभ हुई। सन 1840 में रेलवे लाइनों द्वारा न्यूयार्क को बफेलो से तथा बोस्टन को अलबनी से जोड़ा गया। इसके लिए इंजन तथा रेल की पटरियां इंग्लैंड स्थित स्टीफेंसन के कारखाने से ही मंगाई गई थीं।

सन 1864 में देश के एक सिरे को दूसरे सिरे से मिलाने वाली पहली ट्रांस अमेरिका रेलवे लाइन का कार्य दोनों तरफ से आरंभ किया गया। यह 1869 में बनकर तैयार हुई। इस रेलवे लाइन ने अमेरिका की आर्थिक प्रगति का इतिहास बदल दिया।

रेल संबंधी आविष्कारों में अमेरिका विश्व में सबसे आगे है। रेल संबंधी जितने आविष्कार अमेरिका में हुए, उतने विश्व के किसी भी अन्य देश में नहीं हुए। रेलयात्रियों को बैठे-बैठे लंबी यात्रा करने में काफी असुविधा होती थी। इस ओर सर्वप्रथम एक अमेरिकी इंजीनियर मेर्टिमेर पुलमैन का ध्यान गया। उसने इस समस्या को दूर करने के लिए 1859 में स्लीपर कोच का आविष्कार किया। इसी तरह एक अन्य अमेरिकी इंजीनियर जॉर्ज वेस्टिंग हाउस ने 1869 में संपीडित वायु के सिद्धांत पर कार्य करने वाले ब्रेक का आविष्कार किया। यह एक महत्वपूर्ण आविष्कार था क्योंकि इस समय तक काफी तेज गति से चलने वाली रेलगाड़ियां बन चुकी थीं तथा इन्हें हाथ के ब्रेक से नियंत्रित करना खतरनाक होता जा रहा था। अमेरिकी इंजीनियरों ने ही 1874 में 'ब्लॉक सिगनल प्रणाली' तथा 1875 में विश्व के प्रथम वातानुकूलित डिब्बे का आविष्कार किया। आरंभ में वातानुकूलित डिब्बों में शीघ्र खराब होने वाली वस्तुओं को दूर के स्थानों तक पहुंचाने का कार्य किया जाता था। सन 1900 में लकड़ी के स्थान पर इस्पात के डिब्बे बनने आरंभ हुए। इनसे आग लगने की तथा इसी प्रकार की दूसरी दुर्घटनाओं में कमी आई और रेलगाड़ी द्वारा यात्रा करना अधिक सुरक्षित और सुविधाजनक हो गया।

विश्व के सर्वाधिक शक्तिशाली भाप-इंजनों का निर्माण भी अमेरिका में ही किया गया। अमेरिका की 'नाटकॉफ' और 'वेस्टर्न रेल कंपनी' ने मिलकर एक

अमेरिका में निर्मित विश्व का सबसे बड़ा और सबसे भारी भाप-इंजन—बिग बॉय

ऐसा इंजन तैयार किया, जो 66 फुट 11 इंच लंबा था और इसका वजन 442 टन था। इसकी कर्षण शक्ति डेढ़ लाख पौंड थी। यह अपने समय का सर्वाधिक शक्तिशाली इंजन था। इसके बाद दोनों विश्वयुद्धों के मध्यकाल में अमेरिका ने 'वर्जीनियन' नामक एक इंजन बनाया। 'वर्जीनियन' 77 फुट लंबा और 450 टन वजन का इंजन था।

विश्व का सबसे बड़ा रेलवे स्टेशन 'सेंट्रल टर्मिनल पार्क एवेन्यू' भी अमेरिका में है। इस रेलवे स्टेशन का निर्माण 1913 में किया गया था तथा यह अड़तालीस एकड़ जमीन पर बना हुआ है। 'ग्रांड सेंट्रल टर्मिनल' में प्रतिदिन साढ़े पांच सौ से अधिक गाड़ियां रुकती हैं।

वर्तमान समय में अमेरिका में विश्व के किसी भी देश की तुलना में सबसे अधिक लंबी रेल लाइनें हैं। इनकी लंबाई ढाई लाख मील से भी अधिक है। इंग्लैंड तथा फ्रांस की तुलना में ये रेलवे लाइनें दस गुना अधिक और पूर्व सोवियत संघ की तुलना में तीन गुना अधिक हैं।

विश्व की प्रथम विद्युत ट्रेन का उद्घाटन जर्मनी के ख्याति प्राप्त इंजीनियर तथा उद्योगपति वेर्नखान साइमंस ने किया। यह रेलगाड़ी बर्लिन के उपनगर में आरंभ की गई थी। इसके बाद इन इंजनों का उपयोग ट्राम वे, ट्रॉलीबसों, भूमिगत रेलों और पोल्स पर दौड़ने वाली रेलों में भी आरंभ हो गया।

विश्व की सबसे पहली भूमिगत रेलगाड़ी 1863 में लंदन में चलाई गई। यह एक गहरी खंदक में चलती थी, जिसे ऊपर से बंद कर दिया गया था। सन 1870 में लंदन में ही विश्व की

प्रथम ट्यूब रेल 'ट्रावर सब वें' चली जो भाप के इंजन से चलती थी। इसमें भूमि के नीचे लोहे के दो विशालकाय सिलेंडर डाले गए थे। प्रत्येक सिलेंडर में एक पटरी थी, जिस पर रेलगाड़ी चलती थी। यह ट्यूब-रेल भूमि के 100 फुट भीतर चलाई गई थी।

अमेरिका की पहली भूमिगत रेलगाड़ी 1904 में न्यूयार्क में आरंभ की गई। यह 475 रेलवे स्टेशनों को जोड़ती थी। फ्रांस की सुप्रसिद्ध भूमिगत रेल 'मेट्रो' प्रथम विश्वयुद्ध आरंभ होने के पूर्व चलने लगी थी। यह बिना किसी परिवर्तन के अभी भी सुचारू रूप से कार्य कर रही है। आजकल बर्लिन, ग्लासगो, मेड्रिड टोकियो, कोलकाता, मास्को आदि शहरों में भूमिगत रेलगाड़ियां सफलतापूर्वक चलाई जा रही हैं। इनमें से 1950 में बनी मास्को की भूमिगत रेलगाड़ी 'मास्को मेट्रो' विश्व की सर्वोत्तम मेट्रो मानी जाती है। इसकी गति सभी भूमिगत रेलगाड़ियों से अधिक है।

मास्को की भूमिगत मेट्रो रेलवे लाइन विश्व की सबसे लंबी और सर्वाधिक व्यस्त

विश्व का सबसे लंबा रेलमार्ग ट्रांस-साइबेरियन रेलवे लाइन पर चलती हुई एक ट्रेन

मेट्रो रेलवे लाइन है। इसकी कुल लंबाई 132 मील है तथा यह 1935 में बनकर तैयार हुई थी। विश्व का सबसे लंबा रेलमार्ग भी रूस की ट्रांस-साइबेरियन लाइन है। यह मास्को को नखोद्का से मिलाती है। इसकी लंबाई 9,438 किलोमीटर है तथा इस पर 97 रेलवे स्टेशन हैं।

यूं तो जापान, इंग्लैंड, अमेरिका, जर्मनी आदि देशों ने एक से बढ़कर एक तेज चलने वाली रेलगाड़ियां तैयार कीं, किंतु सर्वाधिक तेज चलने वाली रेलगाड़ी फ्रांस की टी.जी.वी. मानी जाती है। यह गाड़ी 1981 में आरंभ की गई थी। सितंबर 1983 में इसके समय में कुछ परिवर्तन किया गया। टी.जी.वी. 425 किलोमीटर की दूरी दो घंटे में तय कर लेती है, जो एक विश्व-रिकार्ड है। इसी ट्रेन ने 16 मई 1990 को 310.8 किलोमीटर प्रति घंटे की रफ्तार का प्रदर्शन करके अपना ही रिकार्ड तोड़ा, जबकि इसके पूर्व जापान की रेलगाड़ी एम.एल. 500 ने चार फरवरी 1987 को 400.7 किलोमीटर प्रति घंटे की गति से दौड़कर एक विश्व-कीर्तिमान स्थापित किया था, जिसे अभी तक तोड़ा नहीं जा सका है; हालांकि यह परीक्षण के लिए किया गया एक प्रयोग मात्र था। इसी तरह पांच अक्टूबर 1982 को न्यू मैक्सिको की 15.2 किलोमीटर लंबी रेलवे लाइन पर मानवरहित रॉकेट ट्रेन का परीक्षण किया गया था। इसकी गति 9,851 किलोमीटर प्रति घंटा थी। पटरियों पर चलने वाले वाहनों की यह अधिकतम गति है।

भारत में रेलों का विकास

भारतीय रेल परिवहन व्यवस्था का एशिया में प्रथम और विश्व में दूसरा स्थान है। यहां प्रतिदिन लगभग ग्यारह हजार रेलगाड़ियां सात हजार सत्तर रेलवे स्टेशनों से होकर गुजरती हैं। मुंबई से थाणे के बीच बिछाई गई भारत की प्रथम रेलवे लाइन की लंबाई मात्र 21 मील थी, जबकि 1997-98 तक भारत में कुल 62,725 किलोमीटर से अधिक लंबी रेलवे लाइनों का जाल फैल चुका था।

भारत में रेलों का शुभारंभ ब्रिटिश शासनकाल में हुआ था। इंग्लैंड में रेलों की सफलता के कुछ समय बाद ही वहां के उद्योगपतियों एवं पूंजीपतियों ने मिलकर भारत में रेलवे संचालन की योजना बनानी आरंभ कर दी थी। उन्होंने इस संबंध में 1843 में ईस्ट इंडिया कंपनी के पास प्रस्ताव भी भेजा। इस प्रस्ताव पर ईस्ट इंडिया कंपनी लंदन

के निदेशकों ने पहले ही अपनी स्वीकृति दे दी थी।

सर्वप्रथम 23 जुलाई 1844 को मुंबई ग्रेट वेस्टर्न रेलवे की नींव मुंबई सरकार के मुख्य अभियंता जॉर्ज लॉक द्वारा रखी गई तथा इसे मुंबई से कल्याण के मध्य रेलवे लाइन बिछाने का कार्य सौंपा गया। इकतीस अक्टूबर 1850 को इस रेल लाइन का निर्माण आरंभ हुआ। रेलमार्ग को पूरा करने के लिए मुंबई तथा थाणे के मध्य एक सुरंग भी बनाई गई। यह भारत की पहली सुरंग थी। सोलह अप्रैल 1853 को इसी रेलमार्ग पर भारत की पहली रेलगाड़ी चली थी। इसके इंजन का नाम था–'फॉकलैंड'। इसे इंग्लैंड से मंगाया गया था।

इस रेलगाड़ी की सफलता के साथ ही भारत में रेलों का युग आरंभ हुआ और पूरे देश में रेलवे लाइनें बिछाई जाने लगीं। रेल की बढ़ती हुई लोकप्रियता को देखते हुए 1865 में जमशेदपुर में रेलवे इंजनों का एक कारखाना स्थापित किया गया। इसमें इंजनों का उत्पादन नहीं होता था, बल्कि बाहर से मंगाए गए कल-पुर्जों को जोड़कर इंजन तैयार किए जाते थे। भारत का प्रथम भाप-इंजन 1895 में अजमेर के राजपूताना-मालवा रेलवे वर्कशॉप में तैयार किया गया। यह इंजन आज भी दिल्ली के रेल-परिवहन संग्रहालय में सुरक्षित है।

सन 1860 में मुंबई अब बड़ोदरा सेंट्रल इंडिया रेलवे, ईस्ट इंडियन रेलवे तथा ग्रेट इंडियन पेनिनसूलर रेलवे ने द्विमंजिली (डबल डेकर) रेलवे कोच-सेवा भी आरंभ की थी, किंतु यह सफल नहीं हुई, अतः इसे बंद कर दिया गया। बारह अप्रैल 1978 से मुंबई तथा पुणे के बीच यह सेवा पुनः आरंभ की गई है।

भारत में आजादी के पहले रेलगाड़ियों से संबंधित सभी उपकरण विदेशों से मंगाए जाते थे। आजादी के बाद देश में ही इनके उत्पादन के प्रयास आरंभ हुए। सर्वप्रथम 1950 में चितरंजन में एक लोकोमोटिव कारखाना आरंभ किया गया। आरंभ में यहां भाप के इंजन बनाए जाते थे, किंतु 1971 से इसमें भाप के इंजनों का निर्माण पूरी तरह बंद कर दिया गया तथा डीजल इंजन बनाए जाने लगे। भारत का पहला डीजल इंजन वाराणसी डीजल लोकोमोटिव में चार जनवरी 1964 को बनकर तैयार हुआ। इसमें अधिकतर विदेशी कलपुर्जों का उपयोग किया गया था। इस समय इन दोनों वर्कशॉपों के अतिरिक्त भारत हैवी इलेक्ट्रिकल्स, झांसी में भी रेल-इंजनों का निर्माण आरंभ हो गया है तथा इनमें पूरी तरह भारत में ही विकसित प्रौद्योगिकी का प्रयोग किया जा रहा है।

पूना से मुंबई वी.टी. के बीच चली ट्रेन—डेकन क्वीन

भारत की पहली डीलक्स ट्रेन 'डेकनक्वीन' है। यह एक जून 1930 को मुंबई वी.टी. से पुणे के मध्य आरंभ हुई थी। भारत की पहली वातानुकूलित रेलगाड़ी सेंट्रल इंडियन रेलवे द्वारा 1936 में चलाई गई थी। इस रेलगाड़ी के कुछ डिब्बे सीसे तथा जस्ते की दोहरी चादरों के बने थे तथा इनके बीच में बर्फ भरकर इन्हें ठंडा किया जाता था। भारत की पहली सुपर फास्ट ट्रेन राजधानी एक्सप्रेस एक मार्च 1969 को आरंभ हुई। यह नई दिल्ली से हावड़ा के बीच चलती है। राजधानी एक्सप्रेस की औसत गति 130 किलोमीटर प्रति घंटा है। भारत की सबसे तेज रेलगाड़ी नई दिल्ली से भोपाल के मध्य चलने वाली शताब्दी एक्सप्रेस है। यह 1988 में आरंभ हुई थी। शताब्दी एक्सप्रेस की अधिकतम गति 140 किलोमीटर प्रति घंटा है तथा यह पूरी तरह वातानुकूलित रेलगाड़ी है।

भारत की पहली भूमिगत मेट्रो रेलगाड़ी 24 अक्टूबर 1984 को कोलकाता में आरंभ हुई। इसका मार्ग केवल दस किलोमीटर लंबा है तथा इस पर पंद्रह भूमिगत एवं दो सामान्य रेलवे स्टेशन हैं। इससे लगभग बीस लाख

यात्री प्रतिदिन सफर करते हैं।

भारतीय रेल की कहानी अधूरी ही रह जाएगी, यदि 'पैलेस ऑन व्हील्स' की चर्चा न की जाए। 'पैलेस ऑन व्हील्स' अर्थात पहियों का महल। इस रेलगाड़ी का शुभारंभ अक्टूबर 1982 में विदेशी पर्यटकों को आकर्षित करने के लिए किया गया था। भारत की भूतपूर्व रियासतों के राजा-महाराजा अपनी यात्रा के लिए अत्यंत विलासितापूर्ण सैलूनों का उपयोग करते थे। इन्हीं सैलूनों को मिलाकर यह रेलगाड़ी तैयार की गई। इस रेलगाड़ी को काफी सफलता मिली, अतः यह निर्णय लिया गया कि इसके पुराने जीर्ण-शीर्ण सैलूनों के स्थान पर इसी प्रकार के नए सैलून लगाए जाएं तथा इसे नया रूप देकर इसी नाम से पुनः चलाया जाए। नई 'पैलेस आन व्हील्स' का उद्घाटन दो अक्टूबर 1991 को किया गया। इसमें बीस वातानुकूलित डिब्बे, तेरह शयनयान, दो भोजनयान, एक पुस्तकालय तथा बार आदि हैं। भारत की इस सर्वाधिक सुविधा-संपन्न इस रेलगाड़ी के प्रत्येक सैलून में एक रसोईघर, रंगीन टीवी, वीसीआर आदि की व्यवस्था है तथा पूरी रेलगाड़ी को राजस्थानी शैली के चित्रों से सजाया गया है। 'पैलस ऑन व्हील्स' प्रति सप्ताह दिल्ली से चलकर जयपुर, चित्तौड़गढ़, उदयपुर, जैसलमेर, जोधपुर, भरतपुर और आगरा होती हुई सात दिन में 2543 किलोमीटर का लंबा सफर पूरा करती है।

भारतीय रेल के इतिहास को सुरक्षित करने के लिए एक फरवरी 1977 को

पैलेस ऑन व्हील्स

चाणक्यपुरी, नई दिल्ली में देश के प्रथम रेल परिवहन संग्रहालय की स्थापना की गई। इसकी आधारशिला सात अक्टूबर 1971 को तत्कालीन राष्ट्रपति स्व. श्री वी.वी. गिरि ने रखी थी। दस एकड़ भूमि पर फैले इस संग्रहालय में रेलगाड़ियों के अद्‌भुत संग्रह हैं। इसमें लगभग साठ विभिन्न प्रकार के इंजन तथा रेल के डिब्बे हैं, जिनकी अपनी-अपनी कहानी है। इनमें महाराजा पटियाला की मोनो रेलगाड़ी है, जिसे घोड़े खींचते थे। बाद में इसमें भाप के इंजन लगाए गए थे। ब्रॉडगेज लाइन का चार सिलेंडर और चौबीस पहियों वाला इंजन गैरट है। यह इंजन भारत का सबसे लंबा और शक्तिशाली इंजन है। इसका भार 235 टन है। इसे 1930 में इंग्लैंड से मंगाया गया था। इसी के पास नैरोगेज का चार पहियों वाला, 16 टन भार का छोटा इंजन है। इसे 1889 में दार्जिलिंग में प्रयोग के लिए इंग्लैंड से मंगाया गया था। सन 1931 में इंग्लैंड से मंगाई गई चार पहियों की पेट्रोल से चलने वाली रेलकार भी यहां सुरक्षित है। इसे रेल अधिकारी कालका और शिमला के मध्य निरीक्षण के लिए प्रयोग करते थे। रेल परिवहन संग्रहालय में 1885 में निर्मित भाप का इंजन 'फेयरीक्वीन' भी सुरक्षित है। यह इंजन आज भी रेलगाड़ी को खींचने की क्षमता रखता है। इन इंजनों के अतिरिक्त यहां अनेक भारतीय राजा-महाराजाओं के मनमोहक सैलून भी हैं, जिनकी खूबसूरती देखते ही बनती है।

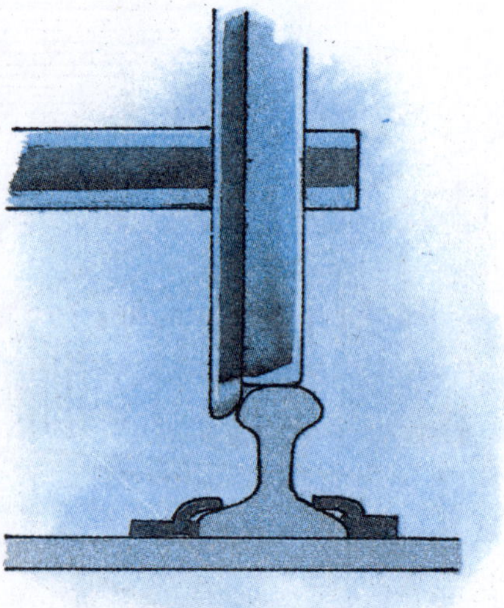

रॉकेट एवं मिसाइल

दीपावली के दिन शाम से ही घरों में मिट्टी के दीपकों और बिजली के बल्बों से घर-घर में प्रकाश फैला हुआ था। मोहन के घर के सामने मैदान था, जहां मुहल्ले के बच्चे इकट्ठे होकर पटाखे छोड़ रहे थे। तभी राजू ने अपने सभी साथियों से कहा, "रुको, अब मैं आकाशबाण छोड़ूंगा। तुम लोग बड़ा-सा घेरा बनाकर खड़े हो जाओ।"

सभी बच्चे घेरा बनाकर खड़े हो गए। राजू ने धूल में बांस की सींक गाड़कर जब पलीते में माचिस की जलती सींक लगाई तो आकाशबाण शूं-ऊं-ऊं की आवाज के साथ ऊपर उड़ गया। सभी बच्चे आश्चर्य एवं कौतूहल के साथ आनंदित हो उठे।

सामू बोला, "क्यों न हम एक खटोले के चारों पायों में आकाशबाण बांधकर एक साथ छोड़ें और परियों की तरह आसमान में खूब घूमें!"

"और जब बारूद खत्म हो जाएगी तब?" नरेन बोला। सुनकर सामू सचमुच कल्पना की उड़ान से नीचे आ गिरा। सभी हँसने लगे।

राजू का बड़ा भाई वीरू कुछ दूर खड़ा

आकाशबाण से ही रॉकेट बनाने की प्रेरणा मिली

बच्चों की बातें सुन रहा था। वह पास आकर बोला, “तुम लोगों ने रॉकेट का नाम सुना है?”

“हां, वह आसमान में बहुत ऊंचा उड़ जाता है,” एक बालक ने जवाब दिया।

“बारूद से भरे इन आकाशबाणों से ही रॉकेटों का जन्म हुआ है।”

“भैया, रॉकेट उड़ते कैसे हैं?”

“अभी तुम एक और आकाशबाण छोड़ो, तब उसे गौर से देखना कि वह कैसे ऊपर उठता है। फिर मैं तुम्हें उसके उड़ने के सिद्धांत के बारे में बताऊंगा,” वीरू ने कहा।

रॉकेट-चालन का सिद्धांत

सभी बच्चे वीरू को घेरकर बैठे थे।

“तुमने जब आकाशबाण के पलीते में आग लगाई थी, तब क्या देखा था?” वीरू ने पूछा।

“जब पलीते में आग लगाई जाती है तो बारूद में आग लगते ही धुंआ निकलता है और आकाशबाण तेजी से ऊपर उठने लगता है,” हामिद ने उत्तर दिया।

“बिल्कुल ठीक! दीपावली के आकाशबाण हों या पृथ्वी से ऊपर उठने वाले भारी-भरकम रॉकेट, इन सबके चालन का सिद्धांत एक ही है और वह सिद्धांत दिया था, प्रतिभाशाली गणितज्ञ सर आइजक न्यूटन ने।

“न्यूटन ने बताया था कि प्रत्येक क्रिया के साथ उसी के बराबर परंतु विपरीत दिशा में प्रतिक्रिया होती है,” वीरू ने समझाया।

“यह क्रिया-प्रतिक्रिया क्या होती है?” एक बालक ने प्रश्न किया।

“इस बात को इस प्रकार से समझा जा सकता है कि जब कोई व्यक्ति बंदूक चलाता है तो गोली के बाहर निकलते ही कंधे पर झटका लगता है। यह झटका बंदूक के पीछे हटने के कारण लगता है। गोली का आगे जाना क्रिया है और बंदूक का पीछे हटना प्रतिक्रिया।

“एक गुब्बारे में हवा भरकर जब उसे कमरे में छोड़ते हैं तो गुब्बारे से वायु तेजी से बाहर निकलती है। जितनी तेजी से वायु बाहर निकलती है, उतनी ही तेजी से गुब्बारा आगे बढ़ता है। वायु का तेजी से विपरीत दिशा से बाहर निकलना क्रिया है और गुब्बारे का आगे बढ़ना प्रतिक्रिया,” वीरू ने विस्तार से समझाया।

“क्या इसका अर्थ यह हुआ कि गुब्बारा इसलिए आगे बढ़ता है क्योंकि वायु तेजी से बाहर निकलती है?” एक बालक ने वीरू भैया से प्रश्न किया।

“नहीं, वास्तव में गुब्बारे के भीतर

संपीडित वायु के अणु उसके अगले बंद सिरे से टकराते हैं और वे गुब्बारे को आगे धकेलते हैं। वायु के अणु जितनी तेजी से गुब्बारे से टकराते हैं, उतनी ही तेजी से वे बाहर निकलते हैं। इसलिए हम कहते हैं कि जितनी तेजी से वायु बाहर निकलती है, उतनी ही तेजी से गुब्बारा आगे बढ़ता है। इसी प्रकार बंदूक से गोली छूटने में भी गोली का आगे बढ़ना क्रिया है और कंधे पर झटका लगना प्रतिक्रिया।"

"यही बात आकाशबाण के लिए भी लागू होती है। बारूद जलने से बनी गैस के अणु आकाशबाण को धक्का देते हैं और तेजी से नीचे की ओर बाहर निकलते हैं। जितनी तेजी से गैस के ये अणु बाहर निकलते हैं, उतनी ही तेजी से आकाशबाण आगे बढ़ता है। गैस का नीचे की ओर से बाहर निकलना क्रिया है और आकाशबाण का आगे बढ़ना प्रतिक्रिया। यही बात रॉकेटों पर भी लागू होती है।"

गुब्बारे के छिद्र से वायु निकलते ही गुब्बारा आगे बढ़ता है

रॉकेट का विकास

रॉकेट का आविष्कार सबसे पहले चीन में वर्ष 1200 के आस-पास हुआ था।

सन 1232 में युद्धस्थल में मंगोलिया की सेना के खिलाफ चीन के सैनिकों ने अग्निबाण की शक्ल में बारूद के रॉकेटों का इस्तेमाल किया था। बेलन के आकार की नली में बारूद भरी रहती थी। यह बेलन बांस की तीली के अगले सिरे पर लगा रहता था। बेलन के पलीते पर आग लगने से प्रज्वलन के फलस्वरूप उत्पन्न गैसें पीछे की ओर भागती थीं और आकाशबाण तेजी से आगे बढ़ता था। इन अग्निबाणों की सहायता से चीन की सेना ने मंगोलिया के सैनिकों के छक्के छुड़ा दिए थे।

सन 1805 में हैदर अली ने मैसूर के युद्ध में ईस्ट इंडिया कंपनी की फौज के खिलाफ इनका उपयोग करके गोरे सैनिकों के पांव उखाड़ दिए थे। बारूद की नली सहित इन आकाशबाणों का भार लगभग साढ़े पांच किलोग्राम था जो 10 फुट लंबे बांस के सिरे पर लगाकर दागे जाते थे। इस बांस के डंडे को लक्ष्य की दिशा में झुकाकर रॉकेट के पलीते को प्रज्वलित किया जाता था। हैदर अली की मृत्यु के बाद उसके पुत्र टीपू सुलतान ने भी ब्रिटिश सेना के विरुद्ध कई बार इन रॉकेटनुमा अस्त्रों का उपयोग किया था। ये अस्त्र लगभग सवा

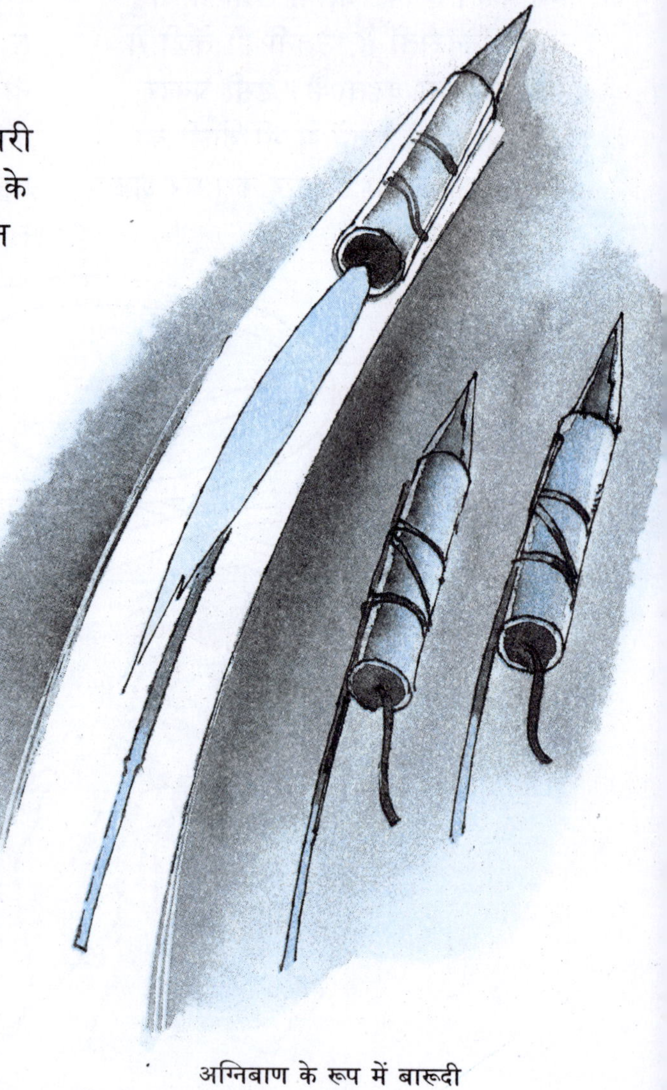

अग्निबाण के रूप में बारूदी रॉकेट का प्रारंभिक रूप

दो से ढाई किलोमीटर तक की मार कर सकते थे।

आधुनिक रॉकेट विज्ञान का सूत्रपात करने का श्रेय अमेरिका के भौतिक विज्ञानी प्रोफेसर गोडार्ड को जाता है। उन्होंने बहुसोपानीय रॉकेट का आधारभूत सिद्धांत का प्रतिपादन किया था।

प्रोफेसर गोडार्ड

रॉकेट कैसे चलते हैं?

गोडार्ड ने सर्वप्रथम बारूद के स्थान पर पेट्रोल एवं तरल ऑक्सीजन को ईंधन के रूप में इस्तेमाल किया था। दोनों को अलग-अलग टंकियों में भरकर निश्चित अनुपात में दहन-कक्ष में जलाया जाता है। जलने से गैस तेजी से बाहर निकलती है। इससे जो प्रतिक्रिया बल प्राप्त होता है, उससे रॉकेट आगे बढ़ता है। तरल ऑक्सीजन को -183^0 सेल्सियस तापमान पर रखा जाना आवश्यक है वरना वह फौरन गैस रूप में बदल जाएगी।

तरल ऑक्सीजन व पेट्रोल के स्थान पर ठोस परक्लोरेट नामक ईंधन भी रॉकेटों में इस्तेमाल किया गया, पर ठोस ईंधन एक बार प्रज्वलित होने पर बीच में रोका नहीं जा सकता। आजकल कुछ रॉकेटों में असममित डाई मिथाइल हाइड्रॉजिन (यूडीएमएच) तथा नाइट्रस ऑक्साइड अथवा हाइड्रॉक्सिल टर्मिनेटिड पॉलीब्यूटाडाइन (एचटीपीबी) और अमोनियम परक्लोरेट का मिश्रण, ईंधन के रूप में काम में लाया जाने लगा है।

गुरुत्वाकर्षण बल का प्रभाव

यदि हम किसी पत्थर या पिंड को ऊपर फेंकें तो वह कुछ दूर ऊपर जाकर वापस पृथ्वी पर आ जाता है क्योंकि सभी वस्तुओं को पृथ्वी अपनी ओर खींचती है। इसे ही पृथ्वी का गुरुत्वाकर्षण बल कहते हैं। हिसाब लगाकर देखा गया है कि जब किसी पिंड या रॉकेट को

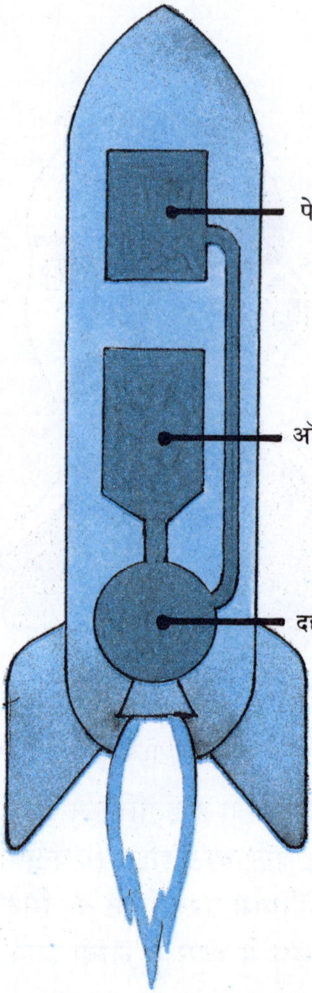

पेट्रोल एवं तरल ऑक्सीजन से चलने वाला साधारण रॉकेट

40,000 किलोमीटर प्रति घंटे की गति से छोड़ा जाए, तभी वह गुरुत्वाकर्षण बल से मुक्त होकर पृथ्वी की पकड़ से बाहर हो सकेगा।

तरल ईंधन वाले आधुनिक रॉकेट के दहन-कक्ष से निकलने वाली गैस की रफ्तार 8,000 किलोमीटर प्रति घंटा तक पहुंचती है। यदि ईंधन की मात्रा बढ़ाकर रॉकेट के भार की 19 गुना कर दी जाए तब भी रफ्तार 24,000 किलोमीटर प्रति घंटा ही प्राप्त होगी, क्योंकि तब रॉकेट का भार भी बहुत अधिक बढ़ जाएगा।

यह समस्या हल की गई, बहुसोपानीय रॉकेटों द्वारा।

बहुसोपानीय रॉकेटों का आधारभूत सिद्धांत

पृथ्वी के गुरुत्वाकर्षण बल से छूटकर भाग सकने तथा अधिक दूरी तक अंतरिक्ष-यात्रा के संबंध में प्रोफेसर गोडार्ड ने एक सर्वथा नया सिद्धांत प्रतिपादित किया। उनका कहना था कि 'एक के ऊपर दूसरे रॉकेट को इस प्रकार जमाया जाए कि जब एक रॉकेट का ईंधन जलकर समाप्त हो, तो दूसरा अपने आप जल उठे, तब ऐसी गति प्राप्त की जा सकती है, जो किसी एकसोपानीय रॉकेट के लिए असंभव है। इस विधि से गुरुत्वीय या गुरुत्वाकर्षण बल को पराजित किया जा सकता है।' द्विसोपानीय और सोपानीय रॉकेट इसी सिद्धांत पर बनाए गए हैं। द्विसोपानीय रॉकेट में दो रॉकेट होते हैं। दूसरा रॉकेट प्रथम रॉकेट के ऊपर लगा रहता है। इस रॉकेट में नीचे वाला रॉकेट पहले दागा

जाता है। वह द्वितीय रॉकेट सहित ऊपर आकाश में उठ जाता है। जिस समय प्रथम रॉकेट अधिकतम वेग प्राप्त कर लेता है, द्वितीय रॉकेट दग जाता है। प्रथम रॉकेट का वेग 8,000 किलोमीटर प्रति घंटा होता है तो द्वितीय रॉकेट के कारण यह वेग 16,000 किलोमीटर प्रति घंटा तक पहुंच सकता है। द्विसोपानीय रॉकेट सबसे पहले अमेरिका ने 1949 में छोड़ा था, जो आकाश में 400 किलोमीटर की ऊंचाई तक गया था।

त्रिसोपानीय रॉकेटों से 28,800 किलोमीटर प्रति घंटा का वेग प्राप्त हुआ है। चार सोपानों वाले रॉकेटों से सुदूर अंतरिक्ष की यात्रा की जा सकती है।

अमेरिका ने त्रिसोपानीय रॉकेट द्वारा अपोलो के अंतरिक्ष-यात्रियों को पृथ्वी के गुरुत्वाकर्षण बल को पार करते हुए चंद्रमा पर भेजा था।

मिसाइल क्या है?

जो रॉकेट अपने साथ विस्फोटक अस्त्र लेकर चलते हैं, उन्हें मिसाइल कहते हैं।

रॉकेट और मिसाइल में प्रमुख अंतर यह है कि मिसाइलों में बम रखने के लिए एक कक्ष और बना दिया जाता है। यह प्रायः रॉकेट के अगले हिस्से में रहता है। बम के स्थान पर कृत्रिम उपग्रह रखकर

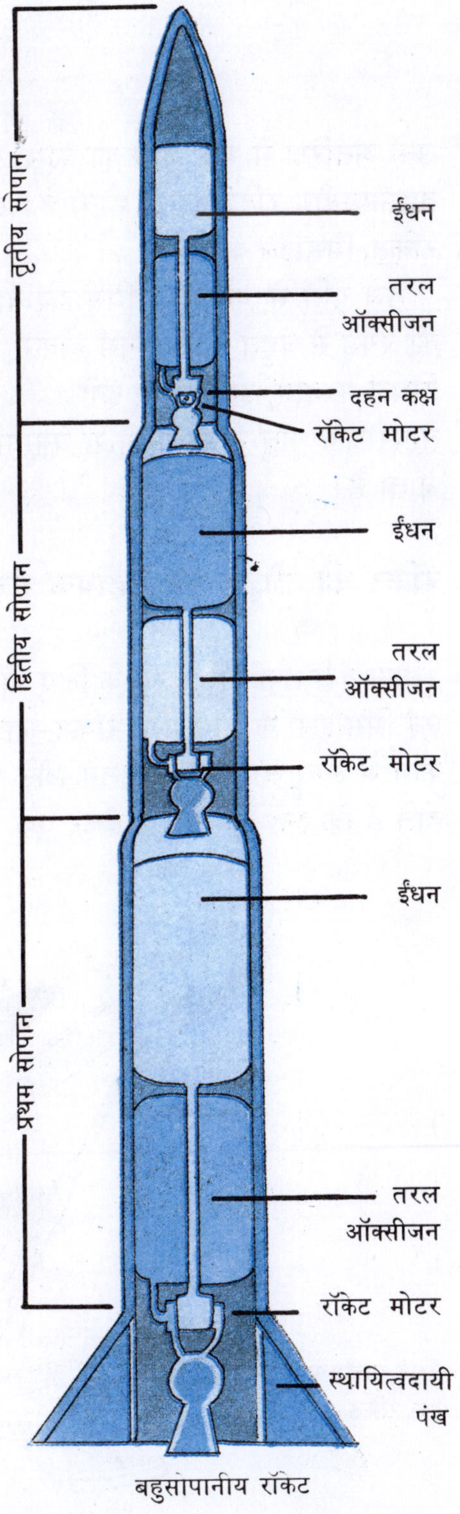

बहुसोपानीय रॉकेट

उन्हें अंतरिक्ष में भेजे जाने का काम बहुसोपानीय रॉकेटों द्वारा होता है। इन्हें रॉकेट-मिसाइल कहते हैं।

तेज गति से चलती ये मिसाइलें वायु की रगड़ से बहुत अधिक गर्म होकर पिघल न जाएं, इसके लिए इन्हें तापरोधक धातु टाइटेनियम से बनाया जाता है।

रॉकेट को छोड़ने का सहायक मंच

कम दूरी तक मार करने के लिए रॉकेट एवं मिसाइलों के लिए छोटे रॉकेट-लांचर काम में लाए जाते हैं। ये इतने छोटे भी होते हैं कि इन्हें कंधे पर लादकर एक स्थान से दूसरे स्थान तक ले जाया जा सकता है।

अंतरिक्ष में भेजने हेतु परीक्षण करने के लिए रॉकेटों को बड़े सहायक मंच पर कसा जाता है। सहायक मंच में कसे रॉकेट के प्रत्येक भाग पर, वैज्ञानिक, इंजीनियर, कारीगर आदि पहुंचकर उसके प्रत्येक भाग की जांच कर सकते हैं और प्रत्येक खंड पर ईंधन भरा जा सकता है। इस बड़े सहायक मंच को लांचिंग-पैड भी कहते हैं। मिसाइलों को दागने के लिए यह देखना आवश्यक है कि वे किस उद्देश्य के लिए दागी जा रही हैं। खोज-कार्य करने वाली बहुसोपानीय मिसाइलों को पॉलीथीन के गुब्बारों द्वारा ऊपर उड़ाया जाता है। जब वे लगभग 30,000 मीटर ऊपर उठ जाते हैं, तब

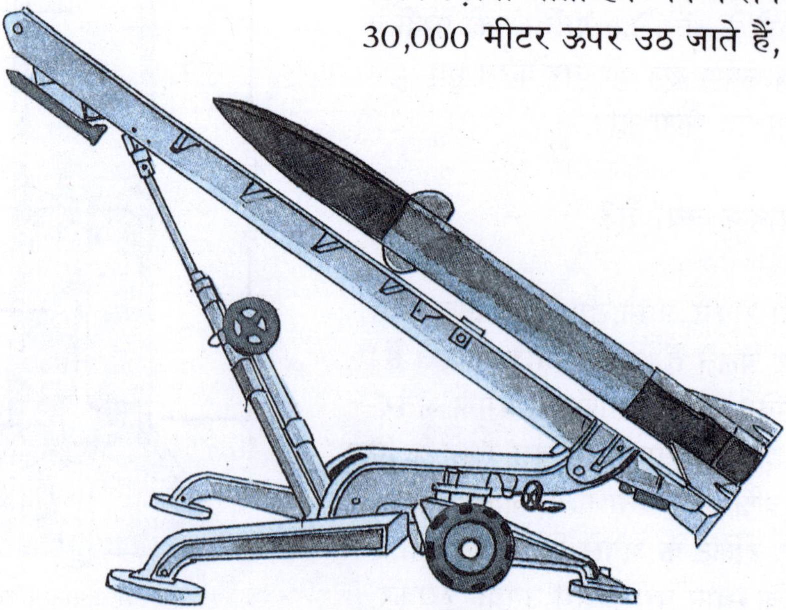

रॉकेट लांचर में
बंधा रॉकेट

उन्हें दागा जाता है। इससे ईंधन की बचत होती है। इस प्रकार के कार्यों के लिए निश्चित निशाने की आवश्यकता नहीं होती, परंतु जब रॉकेटों को मिसाइल की भांति इस्तेमाल करना होता है या किसी उपग्रह को अंतरिक्ष में पहुंचाना होता है, तब उन्हें निशाने के हिसाब से मंच पर कसा जाता है।

विमान और जेट विमान

विमान वायु की सहायता से उड़ान भरते हैं, अतः वे वहीं तक उड़ सकते हैं, जहां तक वायु है, परंतु रॉकेट उन स्थानों में भी उड़ान भर सकते हैं, जहां वायु का नितांत अभाव होता है। इसीलिए अंतरिक्ष-यात्रा में रॉकेटों का इस्तेमाल किया जाता है।

'जेट' अंग्रेजी का शब्द है, संक्षेप में जिसका अर्थ होता है, गैस और धुएं की सतत प्रवाहित होती हुई तीव्र धारा। जो विमान, अग्र भाग से वायु को खींचकर पिछले भाग के दहन-कक्ष में ईंधन को जलाकर पीछे से वाष्प गैस की तीव्र धार प्रवाहित करते हुए अत्यंत तीव्र गति से आगे बढ़ते हैं, वे जेट विमान कहलाते हैं। जो विमान ध्वनि से भी तीव्र गति से उड़ान भरते हैं, उन्हें 'सुपरसोनिक' विमान कहा जाता है।

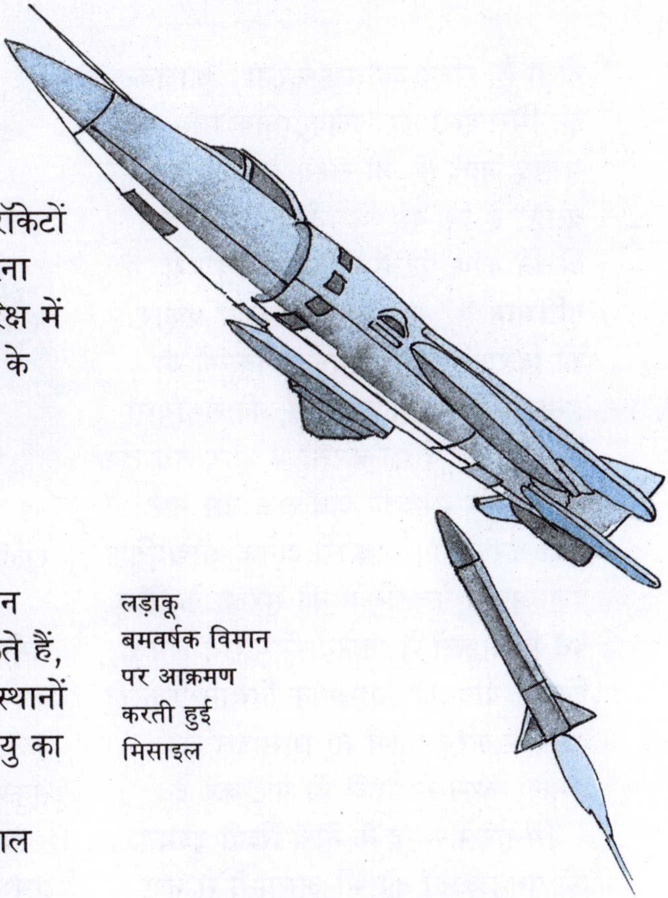

लड़ाकू बमवर्षक विमान पर आक्रमण करती हुई मिसाइल

जेट विमानों से केवल रॉकेट ही टक्कर ले सकते हैं। इसके लिए बमयुक्त रॉकेटों अर्थात मिसाइलों को हमेशा तैयार रखा जाता है। ये बमवर्षक विमानों को देखते ही उनसे भी अधिक तेज गति से विमानों के निकट पहुंचकर उन्हें नष्ट कर देते हैं।

रॉकेट द्वारा आक्रमण

रॉकेटों के अगले हिस्से पर जब बम रखकर उन्हें दागा जाता है तो उद्देश्य

होता है, लक्ष्य को नष्ट करना। आजकल इन मिसाइलों पर 'इलेक्ट्रॉनिक मस्तिष्क' लगाए जाते हैं, जो लक्ष्य के बारे में बताते हैं कि वह कितनी दूरी पर व कितने कोण पर है और किस वेग से गतिमान हैं? ये मिसाइलें विशेष प्रकार की किरणों, जिन्हें अवरक्त किरणें या *इन्फ्रा-रेड* किरणें कहते हैं, की सहायता से लक्ष्य का पीछा करती हैं और तब तक पीछा नहीं छोड़तीं, जब तक उसे नष्ट नहीं कर देतीं। अब तो अनेक औद्योगिक देश अपनी फैक्टरियों की सुरक्षा के लिए इन मिसाइलों से पहरेदारी कराने लगे हैं, जिससे यदि कोई बमवर्षक विमान फैक्टरी को नष्ट करने पहुंचे तो मिसाइल उसे हमला करने से पहले ही नष्ट कर दे।

मिसाइलें समुद्र के नीचे छिपी दुश्मन की पनडुब्बियों को भी आसानी से नष्ट कर देती हैं। मिसाइल में स्थित निर्देशक पनडुब्बी का पता देते हैं और मिसाइलें पनडुब्बी का पीछा करके उन पर आक्रमण कर देती हैं।

पहली अंतरिक्ष-यात्रा

रूस ने 14 अप्रैल 1958 को 'द्वितीय स्पूतनिक' उपग्रह में 'लाइका' नामक कुतिया को अंतरिक्ष में भेजा था। यह उपग्रह नष्ट हो गया था और कुतिया भी

स्पूतनिक उपग्रह द्वारा सबसे पहले 'लाइका' कुतिया को अंतरिक्ष में भेजा गया

उसी में मर गई थी। बाद में अन्य प्रयोग करके रूसी और अमेरिकी वैज्ञानिकों ने कुत्ते, खरगोश आदि भेजे और उन्हें सकुशल पृथ्वी पर उतार भी लिया।

बारह अप्रैल 1961 को संसार के प्रथम अंतरिक्ष-यात्री के रूप में रूसी युवक यूरी गागरिन ने पांच टन वजन के विशालकाय अंतरिक्ष-यान में बैठकर उड़ान भरी। वह पृथ्वी का एक चक्कर लगाकर वापस भी आ गया। वह 108 मिनट तक उड़ान में रहा था।
इसके पश्चात अमेरिका ने भी अपने अंतरिक्ष-यात्रियों को थोड़े-थोड़े समय के लिए अंतरिक्ष में भेजा।

सत्रह जुलाई 1969 को अमेरिका के 'केप कैनेडी' क्षेत्र से 'पोलो-11' नामक रॉकेट छोड़ा गया तो उसमें तीन

अंतरिक्ष-यात्री; नील आर्मस्ट्रांग, कालिंस एवं एल्विन एल्ड्रिन थे। जब यह यान छोड़ा गया तो केप कैनेडी क्षेत्र में 10 लाख लोग खचाखच भरे थे। जल्दी ही यह यान अपनी कक्षा में पहुंच गया। जब यह ग्यारहवां चक्कर लगा रहा था, तब अंतरिक्ष-सूट पहने हुए आर्मस्ट्रांग एवं एल्ड्रिन ने कालिंस को तो वहीं छोड़ा और यान के एक भाग 'ईगल' के द्वारा चंद्रमा पर उतरने लगे।

बीस जुलाई 1969 को दोपहर बाद चार बजकर सत्तरह मिनट पर नील आर्मस्ट्रांग ने झिझकते हुए अपना बायां पैर चंद्रमा की भूरी सतह पर रखा। उन्नीस मिनट बाद एल्ड्रिन भी आर्मस्ट्रांग के पास पहुंच गया। वह चंद्रमा पर पैर रखने वाला दूसरा व्यक्ति बना।

तीन अप्रैल 1984 को रूस-भारत सहयोग से भारतीय अंतरिक्ष-यात्री राकेश शर्मा ने रूसी साथियों के साथ प्रथम बार अंतरिक्ष में प्रवेश किया था। अंतरिक्ष-यात्रा के लिए कड़े प्रशिक्षण की जरूरत होती है। इसके लिए राकेश शर्मा ने रूस की स्टार सिटी में कई महीनों तक कड़ा परिश्रम करके प्रशिक्षण प्राप्त किया था।

उपग्रह क्या हैं?

ग्रहों का चक्कर लगाने वाले पिंड उपग्रह कहलाते हैं। हमारी पृथ्वी का उपग्रह चंद्रमा है।

कृत्रिम उपग्रह, मनुष्य द्वारा निर्मित वे पिंड होते हैं, जो पृथ्वी के चारों ओर चक्कर काटते रहते हैं। इन्हें रॉकेट द्वारा ऊपर भेजकर कक्षा में स्थापित कर दिया

उपग्रह को पृथ्वी की कक्षा म स्थापित करता हुआ रॉकेट

जाता है। रूस के वैज्ञानिकों ने चार अक्टूबर 1957 को संसार का सर्वप्रथम कृत्रिम भू-उपग्रह लगभग 320 किलोमीटर की ऊंचाई पर स्थापित किया था।

अंतरिक्ष-विज्ञान में उपयोगिता

करोड़ों और अरबों रुपयों से बने इन रॉकिटों, मिसाइलों तथा कृत्रिम उपग्रहों को अंतरिक्ष में या अन्य ग्रहों पर भेजने से लाभ क्या हैं? यह प्रश्न मस्तिष्क में आना स्वाभाविक ही है।

पहली बात तो यह है कि मनुष्य में ज्ञान-अर्जन की अति तीव्र इच्छा होती है। वह ग्रहों एवं अंतरिक्ष के बारे में जानकारी हासिल करते रहना चाहता है।

लगातार बढ़ती जनसंख्या एवं प्रदूषण के कारण यदि कभी पृथ्वी रहने के लायक न रहे तब क्या अन्य ग्रहों पर या अंतरिक्ष में बस्तियां बसाकर रहा जा सकता है। इस संभावना का अध्ययन भी आवश्यक है।

किसी देश द्वारा दूसरे देश पर आक्रमण करके उसे नष्ट करने के साथ-साथ मिसाइलें आत्मरक्षा करने में भी मदद करती हैं और युद्धों में भाग लेकर विजय को सुनिश्चित करने का प्रयास करती हैं। पृथ्वी के ऊपर कृत्रिम उपग्रहों को स्थापित करके (जो रॉकिटों द्वारा ही संभव है) उस पर लगे कैमरे बादलों के चित्र लेकर पृथ्वी पर भेजते हैं, जो मौसम संबंधी जानकारी एवं भविष्यवाणी के द्वारा हमें सचेत करते रहते हैं। उपग्रह से प्राप्त मौसम संबंधी जानकारियां हम

भारत द्वारा छोड़ा गया प्रथम उपग्रह–'आर्यभट्ट'

दूरदर्शन के समाचारों में देखते ही हैं।

कृत्रिम उपग्रह जासूसी का भी काम करते हैं। पृथ्वी पर होने वाली प्रत्येक गतिविधि को उपग्रह की आंख देख लेती है। जंगल में लगी आग, आने वाले तूफान या बारिश, संदिग्ध गतिविधियां आदि इनसे समय रहते ही देख ली जाती हैं।

कृत्रिम उपग्रहों का सबसे बड़ा लाभ यह है कि रेडियो, टेलीविजन, वायरलैस आदि के प्रसारणों को इनके द्वारा अधिक शुद्धता से सुना जा सकता है, जो उपग्रह के अभाव में संभव नही है। अब तो टेलीफोनों का संबंध भी उपग्रह से जोड़ दिया गया है। इससे हम तुरंत ही बिना तार की अंतरराष्ट्रीय उपभोक्ता ट्रंक डायलन सेवा (आई.एस.डी.) की मदद से किसी भी देश से किसी भी देश में किसी भी व्यक्ति से बात कर सकते हैं। टेलीविजन से संबद्ध हो जाने पर बात करने वाले व्यक्ति को टीवी के परदे पर देख भी सकते हैं।

रॉकेटों और मिसाइलों के संबंध में भारतीय प्रगति

भारत ने अपना प्रथम उपग्रह 'आर्यभट्ट' 19 अप्रैल 1975 को छोड़ा था जबकि दूसरा उपग्रह 'भास्कर' सात

भारत द्वारा छोड़ा गया दूसरा उपग्रह—'भास्कर'

जून 1979 को पृथ्वी की कक्षा में स्थापित किया था। प्रसिद्ध भारतीय खगोलशास्त्री आर्यभट्ट और भास्कर के नाम वाले ये उपग्रह रूस की सहायता से छोड़े गए थे। भारत का स्वयं द्वारा निर्मित प्रथम रॉकेट एस.एल.वी.-3 श्री हरिकोटा नामक स्थान से 10 अगस्त 1979 को छोड़ा गया था, परंतु यह उड़ान आंशिक रूप से ही सफ़ल हो पाई थी। एस.एल.वी.-3 की दूसरी उड़ान 17 जुलाई 1980 को पुनः रखी गई। यह पूर्णतः सफल रही। इसके द्वारा रोहिणी नामक उपग्रह को पृथ्वी की कक्षा में स्थापित किया गया।

एस.एल.वी. रॉकेट का भार 17 टन था। यह ठोस ईंधन से संचालित था। डॉ. ए.पी.जे. अब्दुल कलाम जैसे वैज्ञानिकों के नेतृत्व में भारत ने एक दशक के भीतर अनेक प्रकार के प्रक्षेपास्त्र

भारत रत्न डॉ. ए.पी.जे. अब्दुल कलाम

(मिसाइल) विकसित कर लिए हैं। धरती से धरती पर मार करने वाला 'पृथ्वी' नामक प्रक्षेपास्त्र जो एक प्रकार की मध्यम दूरी की मिसाइल है, का परीक्षण चार जून 1994 को सफलतापूर्वक कर लिया गया। इसने 75 किलोमीटर की दूरी पर लक्ष्य-भेदन किया। इस मिसाइल की लंबाई साढ़े आठ मीटर है और भार एक टन है। मध्यम दूरी की मिसाइल 'पृथ्वी' 500 किलोग्राम वजन के साथ 250 किलोमीटर तक मार कर सकती है। इसकी सफलता को देखते हुए इसे सेना में शामिल किया गया है।

भारत की अन्य विकसित मिसाइल है, 'अग्नि', जो ढाई हजार मील दूर तक मार करने की क्षमता रखती है। एक अन्य टैंक रोधी मिसाइल है 'नाग'। 'त्रिशूल' एवं 'आकाश' नामक मिसाइलें जमीन से वायु में मार करने के लिए हैं।

इन नवीनतम मिसाइलों के निर्माण से भारत ने अपनी सुरक्षा-व्यवस्था को तो मजबूत किया ही है, अपने वैज्ञानिक ज्ञान का लोहा भी विश्व समुदाय से मनवा लिया है। वर्तमान में भारत पहले से अधिक शक्तिशाली है।

रोबोट

आज के वैज्ञानिकों ने ऐसे कृत्रिम मानव का आविष्कार कर लिया है, जिसमें रक्त, मांस, अस्थियां और जीवन जैसी कोई चीज नहीं होती, किंतु वह मानव की तरह बहुत-से कार्य कर सकता है।

जापान तथा अमेरिका ने तो ऐसे यंत्र-मानव तैयार कर लिए हैं, जो कार और हवाई जहाज भी चला सकते हैं। जर्मनी में कार बनाने का एक ऐसा कारखाना है, जिसमें केवल मशीनी मानव ही कार्य करते हैं। मशीनी मानव में और भी बहुत-सी विशेषताएं हैं। यह सागर की तलहटी में अत्यंत विषैली गैसों के मध्य, दहकती हुई गर्म भट्टियों के भीतर तथा घातक परमाणु रिएक्टरों के बीच ऐसे स्थानों पर भी कार्य कर सकता है, जहां मानव का कार्य करना असंभव है। यंत्र-मानव बड़ी सरलता से सागर की अथाह गहराइयों में गोता लगाकर डूबे हुए जहाज का पता लगा सकता है, अंतरिक्ष में कुशल इंजीनियर के समान अंतरिक्ष-यानों, उपग्रहों आदि की मरम्मत कर सकता है, विभिन्न ग्रहों से मिट्टी के नमूने एकत्रित कर सकता है तथा इसी प्रकार के ऐसे अनेक विलक्षण कार्य कर सकता है, जिनकी हम कल्पना भी नहीं कर सकते। यंत्र-मानव का विकास अमेरिका, जापान, जर्मनी, इंग्लैंड, फ्रांस, स्विट्जरलैंड, स्वीडन, कनाडा, इटली, बेल्जियम आदि देशों में बहुत अधिक हुआ है, किंतु इसमें से भी सर्वाधिक विकास अमेरिका और जापान में हुआ। अमेरिका और जापान ने ऐसे यंत्र-मानवों का विकास कर लिया है, जो देख सकते हैं, सुन सकते हैं, बोल सकते हैं तथा सामान्य मानव की तरह अपने हाथ-पैर चला सकते हैं।

रोबोट का इतिहास

यंत्र-मानव को बोलचाल की भाषा में ‘रोबोट’ कहते हैं। रोबोट शब्द ‘चेक’ भाषा का है। इसका अर्थ होता है, सेवक। रोबोट एक ऐसे सेवक के समान ही होता है, जो अपने स्वामी के आदेशानुसार कार्य करता है।

रोबोट शब्द का प्रयोग सर्वप्रथम चेकोस्लोवाकिया के विख्यात साहित्यकार कारेल चापैक ने अपने एक नाटक *रोसम्स यूनीवर्सल रोबोट्स* में किया था। यह

नाटक 1917 में लिखा गया और 1921 में रंगमंच पर प्रस्तुत किया गया तथा बाद में 1923 में प्रकाशित भी हुआ। इस नाटक में रोसम्स नामक एक ऐसे वैज्ञानिक की कहानी है, जो मानव जाति को नष्ट होने से बचाने के लिए अपनी

यंत्र-मानव स्वयं को सर्वोपरि समझने लगते हैं तथा अपने मालिकों का आदेश मानने से इनकार कर देते हैं। ये मालिकों का विरोध करते हुए आक्रामक भी हो उठते हैं और अंत में समस्त मानव जाति का विनाश कर डालते हैं।

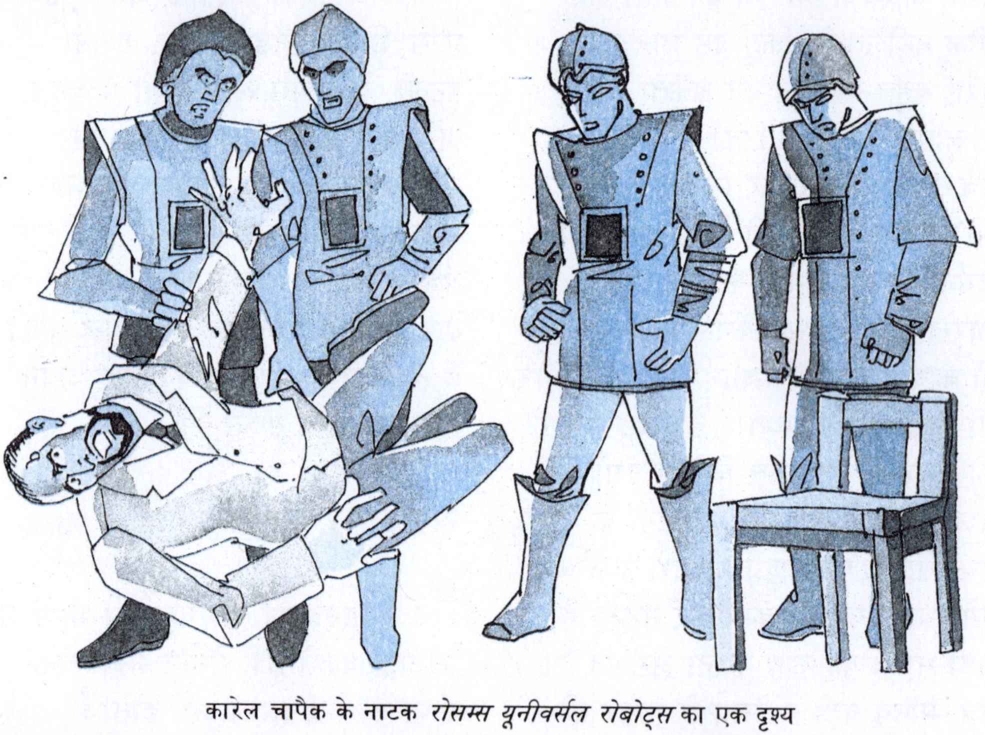

कारेल चापैक के नाटक *रोसम्स यूनीवर्सल रोबोट्स* का एक दृश्य

प्रयोगशाला में मानव से मिलती-जुलती शक्ल के यंत्र-मानवों का निर्माण करता है। ये मशीनी मानव शत्रु से युद्ध करते हैं एवं उस पर विजय भी प्राप्त करते हैं। इसके बाद एक अन्य वैज्ञानिक इन मशीनी मानवों में इच्छाओं, भावनाओं और संवेदनाओं का संचार देता है। तब ये

रोसम्स यूनीवर्सल रोबोट्स की अपार सफलता के बाद *स्टार वार्स, रोबोकोप, रौटर्न-तीन* जैसी अनेक रचनाएं लिखी गईं तथा उन पर फिल्में भी बनीं। इन फिल्मों में मानव के समान बोलने वाले, चलने वाले, देखने वाले तथा विभिन्न प्रकार के आश्चर्यजनक कार्य

हेरोन की पुस्तक *ऑटोमेटो पोइटिका* में वर्णित कुछ स्वचालित आविष्कार

करने वाले रोबोट दिखाए गए थे।

रोबोट के विषय में अधिक जानकारी प्राप्त करने के पहले यह स्पष्ट कर देना आवश्यक है कि केवल फिल्मी रोबोट और बच्चों के खेलने के लिए बनाए गए रोबोट ही मानव की शक्ल-सूरत के होते हैं। उद्योगों में काम करने वाले रोबोट, वैज्ञानिक कार्यों में प्रयुक्त होने वाले रोबोट तथा इसी प्रकार के अन्य सभी रोबोट स्वचालित मशीनों के समान दिखाई देते हैं।

रोबोट वास्तव में अत्याधुनिक इलेक्ट्रॉनिकी और कंप्यूटर टेक्नोलॉजी का मिश्रित रूप है। इसका आधुनिक रूप तो अब हमारे सामने आया है, किंतु इसका इतिहास आज से साढ़े तीन हजार वर्ष पुराना है।

ईसा से लगभग डेढ़ हजार वर्ष पूर्व मिस्र के थेबेस नामक स्थान पर इथोपिया के सम्राट मेमनन की एक मूर्ति लगाई गई थी, जो प्रतिदिन प्रातः सूर्य की किरणें पड़ते ही विभिन्न प्रकार की चार मधुर संगीतमय ध्वनियां निकालती थी। इस काल में इसी प्रकार के ऐसे अनेक खिलौनों के वर्णन सुनने को मिलते हैं, जो आश्चर्यजनक करतबों का प्रदर्शन करते

थे। ईसा से चार सौ वर्ष पूर्व यूनान के एक गणितज्ञ आर्चीटास ने विभिन्न प्रकार के कलपुर्जों को जोड़कर एक कबूतर बनाया था, जो उड़ सकता था। सन 1962 में जन्मे महान यूनानी वैज्ञानिक हेरोन की पुस्तक *ऑटोमेटो पोइटिका* में ऐसे 150 स्वचालित वैज्ञानिक आविष्कारों का विवरण है, जिन पर सरलता से विश्वास नहीं होता। हेरोन ने पानी और भाप की शक्ति से कार्य करने वाले अनेक पक्षी, इंजन तथा खिलौने बनाए थे। इनमें से एक थी—हरक्युलिस की मूर्ति, जो एक ड्रेगन के साथ युद्ध करती थी। यूनान में हेरोन को *हीरो आफ अलेक्जेंडरिया* के नाम से जाना जाता है।

यूनान के अलावा चीन, जापान, भारत तथा यूरोप के अनेक देशों ने भी स्वचलन पर आधारित ऐसे अनेक यंत्र तथा खिलौने बनाए थे, जो विभिन्न प्रकार के विलक्षण कार्य करते थे। उदाहरण के लिए चीन ने सन 790 में लकड़ी का एक ऐसा यंत्र तैयार किया था, जो बिना किसी के सहयोग के मछलियां पकड़ सकता था। चीन ने ही वर्ष 890 में मशीनी कलपुर्जों को जोड़कर एक ऐसी बिल्ली बनाई थी, जो बड़ी सरलता से चूहे पकड़ लेती थी।

स्वचालित यंत्रों के निर्माण में यूरोप के विख्यात वैज्ञानिक अल्बर्ट मैगनस (1204-1272) का नाम विशेष रूप से उल्लेखनीय है। मैगनस ने मानव के आकार का विश्व का पहला रोबोट बनाया था। मैगनस द्वारा बनाया गया मानव की आकृति वाला रोबोट उसके घर आने-जाने वाले मेहमानों का स्वागत करने और उनके लिए दरवाजा खोलने एवं बंद करने का कार्य करता था।

आधुनिक रोबोट

चीन, जापान तथा अमेरिका के वैज्ञानिकों ने उन्नीसवीं सदी के अंत तक अनेक प्रकार की कमानियों (स्प्रिंग) व नट, बोल्टों आदि की सहायता से विभिन्न प्रकार के रोबोट बनाए, किंतु इनका कोई औद्योगिक या व्यावसायिक उपयोग नहीं था। इस काल तक बनाए गए अधिकतर रोबोट मनोरंजन के लिए बनाए गए खिलौनों से अधिक कुछ भी नहीं थे।

विश्व का सर्वप्रथम आधुनिक रोबोट 1913 में अमेरिका की स्पेरी जायरोस्कोप कंपनी ने बनाया और इसे नाम दिया, 'जॉर्ज'। जॉर्ज पायलट था और बड़ी सफलता के साथ हवाई जहाज उड़ा सकता था। इसके बाद 1932 में इंग्लैंड के वैज्ञानिकों ने एक रोबोट बनाया, जो अखबार पढ़ सकता था। सन 1940 तक

अमरीकी वैज्ञानिकों को ऐसे रोबोट बनाने में सफलता मिली, जो चलने-फिरने के साथ-साथ दस से तीस प्रकार के अतिरिक्त कार्य भी कर सकते थे। इन्हें मुख्य रूप से अत्यंत घातक रेडियोधर्मी पदार्थों को एकत्रित करने में प्रयुक्त किया गया। इसके बाद अमेरिका ने रोबोट-निर्माण के क्षेत्र में अभूतपूर्व प्रगति की और वह 1962 तक विदेशों को रोबोट का निर्यात करने लगा। इसी काल में रोबोट का प्रयोग विशाल उद्योगों, परमाणु बिजलीघरों, अंतरिक्ष में भेजे जाने वाले उपग्रहों आदि में आरंभ हुआ। सन 1980 के बाद वेल्डिंग करने वाले, नट-बोल्ट कसने वाले, कारों में कांच लगाने वाले, रंग करने वाले तथा इसी प्रकार के अन्य कार्य करने वाले रोबोट बनाए गए। सन 1990 के बाद चिकित्सा-विज्ञान के क्षेत्र में रोबोट का उपयोग आरंभ हुआ। इस दिशा में सर्वप्रथम 1992 में जापान के वैज्ञानिकों ने 'डॉक्टर रोबोट' का आविष्कार किया। यह अत्यंत सूक्ष्म रोबोट है जो बिना कोई चीर-फाड़ किए शरीर के भीतर जाकर किसी भी अंग का ऑपरेशन कर सकता है। डॉक्टर रोबोट में किसी भी अंग को काटने, साफ करने तथा सिलने की अद्‌भुत क्षमता है। डॉक्टर रोबोट को एक अत्याधुनिक कंप्यूटर एवं रिमोट

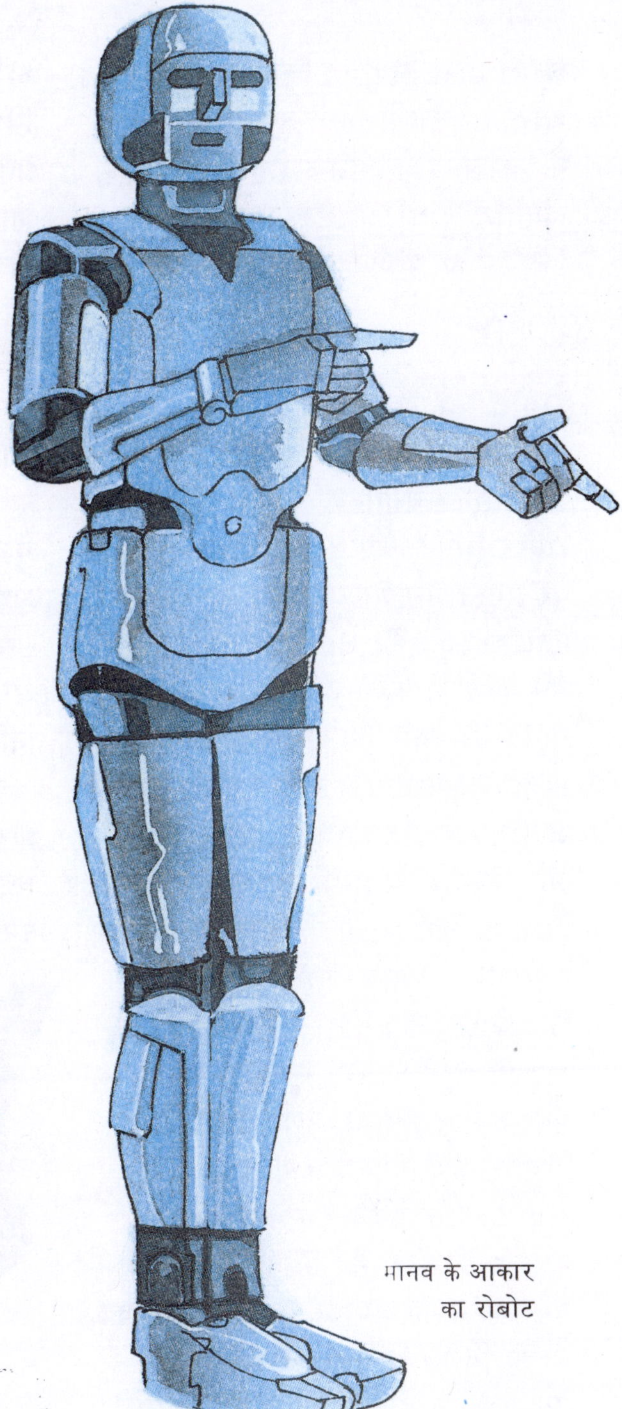

मानव के आकार का रोबोट

कंट्रोल द्वारा नियंत्रित किया जाता है। वर्तमान समय में विश्व के विभिन्न देशों में एक लाख से अधिक रोबोट उद्योग, व्यवसाय, अंतरिक्ष, सुरक्षा तथा इसी प्रकार के अन्य अनेक क्षेत्रों में कार्य कर रहे हैं।

रोबोट की संरचना

आधुनिक वैज्ञानिकों ने कुछ ऐसे भी रोबोट तैयार किए हैं, जो बाहर से देखने पर मानव जैसे मालूम पड़ते हैं। इन्हें एंड्रॉइड कहते हैं। सामान्य रोबोट मानव जैसे कार्य तो करते हैं, किंतु देखने में मानव जैसे नहीं लगते। इनका स्वरूप स्वचालित मशीनों के समान होता है। आधुनिक रोबोट यांत्रिकी, इलेक्ट्रॉनिकी और कंप्यूटर का समन्वित रूप है। इसमें देखने के लिए आंखों के स्थान पर अत्यंत संवेदनशील कैमरा होता है, बोलने के लिए माइक्रोफोन होता है, स्पर्श का अनुभव करने के लिए गैस एवं ताप संवेदक होते हैं तथा निर्णय करने अथवा विचार करने के लिए कंप्यूटर होता है। रोबोट का सर्वाधिक महत्वपूर्ण अंग कंप्यूटर ही होता है। इसकी तुलना मस्तिष्क से की जा सकती है। रोबोट का जीवन विद्युत से चलता है। रोबोट में ऐसे यंत्र लगे होते हैं जो प्रकाश-तरंगों, ध्वनि-तरंगों तथा चुंबकीय तरंगों को विद्युत-संदेशों में बदलकर कंप्यूटर तक पहुंचा देते हैं और फिर इसी कंप्यूटर के आदेश पर रोबोट कार्य करता है। रोबोट का मस्तिष्क अर्थात कंप्यूटर छोटा भी हो सकता है और बड़ा भी, किंतु सिलिकॉन चिप के आविष्कार के बाद अब छोटे कंप्यूटर ही अधिक प्रयुक्त हो रहे हैं। रोबोट में ज्ञानेंद्रियों के स्थान निश्चित नहीं होते। मानव की आंखें तो उसके चेहरे पर होती हैं, किंतु रोबोट की आंखें अर्थात देखने वाले कैमरे सामान्यतः उसकी कलाई पर होते हैं। इसी प्रकार अन्य अंगों के स्थान भी मानव के समान निश्चित नहीं होते।

रोबोट में देखने और सुनने की प्रणालियों का तो काफी विकास किया जा चुका है, किंतु गंध और स्पर्श का अनुभव करने वाली प्रणालियों का विकास अभी

सिलिकॉन चिप

प्राथमिक चरण में ही है। जापान के वैज्ञानिकों ने कुछ समय पूर्व एक ऐसी कृत्रिम त्वचा का आविष्कार करने में सफलता प्राप्त की है, जो नर्म, कठोर, चिकने तथा खुरदरे स्पर्श के प्रति संवेदनशील है। इसका प्रयोग रोबोट की उंगलियों पर करके पके फल तोड़ने वाला रोबोट तैयार किया गया है। गंध का अनुभव करने वाले रोबोट तैयार करने के लिए विभिन्न प्रकार की गैसों तथा तापक्रमों से प्रभावित होने वाले संवेदक प्रयुक्त किए जा रहे हैं, किंतु इस दिशा में अभी तक कोई उल्लेखनीय सफलता प्राप्त नहीं हुई है।

पेड़ से फल तोड़ता एक रोबोट

सामान्यतः प्रत्येक रोबोट में एक भुजा अवश्य होती है। इसी की सहायता से यह मानव के समान वस्तुएं उठाने, रखने, वेल्डिंग करने, कारों में कांच लगाने, फल तोड़ने तथा इसी प्रकार के अन्य कार्य करता है। इसकी भुजा में उंगलियों की संरचना सर्वाधिक जटिल होती है। फ्रांस के वैज्ञानिकों ने इतने संवेदनशील रोबोट बनाने में सफलता प्राप्त कर ली है, जो अंडे तक उठाकर एक स्थान से दूसरे स्थान पर रख सकता है, किंतु अभी तक वे मानव के हाथों जैसी दक्षता रोबोट को नहीं दे सके हैं। एक अत्याधुनिक रोबोट की भुजा में अधिकतम दस गतियां होती हैं, जबकि मानव के हाथ में चालीस प्रकार की गतियां होती हैं। विश्व के कुछ विकसित देशों में एक से अधिक भुजाओं वाले रोबोट भी तैयार किए गए हैं। इनकी संरचना अत्यधिक जटिल है। रोबोट की जितनी अधिक भुजाएं होती हैं, उसकी संरचना उतनी ही जटिल होती जाती है।

सामान्यतः रोबोट में चलने के लिए पहिए लगाए जाते हैं किंतु असमतल स्थानों एवं सीढ़ियों आदि पर चढ़ने और उतरने के लिए पहियों के अनुप्रयुक्त होने के कारण। दो से छह पैर वाले रोबोट तैयार किए गए हैं। वैज्ञानिकों का मत है

कि दो से अधिक पैर वाले रोबोट अधिक उपयोगी होते हैं, क्योंकि अधिक पैरों से इनकी संतुलन करने की क्षमता बढ़ जाती है।

रोबोट के प्रकार

सभी प्रकार के रोबोट एक जैसे नहीं होते। अलग-अलग कार्यों और आवश्यकताओं को ध्यान में रखकर अलग-अलग प्रकार के रोबोट बनाए गए हैं। गाय-भैंस का दूध दुहने वाला रोबोट शतरंज खेलने वाले रोबोट से पूरी तरह भिन्न होता है। दूर ग्रहों में जाने वाले रोबोट और दहकती आग के मध्य कार्य करने वाले रोबोट में कोई समानता नहीं होती। रोबोट का निर्माण जिस कार्य के लिए किया जाता है, उसी के अनुसार उसकी रूपरेखा, आकार, संरचना तथा कार्यप्रणाली होती हैं।

रोबोट की कार्यप्रणाली तथा उसकी संरचना के आधार पर रोबोटों को चार श्रेणियों में बांटा जा सकता है। पहली श्रेणी में स्थिर रोबोट, दूसरी में गतिशील रोबोट, तीसरी में रिमोट कंट्रोल द्वारा नियंत्रित रोबोट तथा चौथी में संवेदक

कार-निर्माण में प्रयुक्त होने वाला रोबोट

नियंत्रक रोबोट रखे जा सकते हैं।

पहली श्रेणी के अंतर्गत वे रोबोट आते हैं, जो अपने स्थान पर स्थिर रहकर कार्य करते हैं। सामान्यतः इनके कंप्यूटर में एक निश्चित प्रोग्राम भर दिया जाता है और ये बार-बार उसे ही दोहराते रहते हैं। कार वेल्डिंग करने वाला रोबोट ऐसा ही रोबोट है। यह एक ही स्थान पर खड़ा रहता है और जैसे ही कार इसके सामने पहुंचती है, यह आगे बढ़कर उसकी वेल्डिंग कर देता है और फिर वापस अपने स्थान पर आकर खड़ा हो जाता है।

दूसरी श्रेणी के अंतर्गत वे रोबोट आते हैं, जो पहियों अथवा कृत्रिम टांगों की सहायता से चलते-फिरते हुए कार्य करते हैं। बोझ ढोने वाले रोबोट, वृक्षों से फल तोड़ने वाले रोबोट, अस्पतालों में बिस्तर बिछाने वाले रोबोट तथा विकलांग एवं नेत्रहीन व्यक्तियों को सैर कराने वाले रोबोट इसी तरह के रोबोट हैं। इस प्रकार के रोबोटों में सभी कमांड चुंबकीय टेप या फ्लॉपी डिस्क द्वारा दिए जा सकते हैं।

तीसरी श्रेणी के अंतर्गत वे रोबोट आते हैं, जिन पर अवरक्त तरंगों, *अल्ट्रासोनिक* तरंगों या रेडियो तरंगों के द्वारा काफी दूरी से नियंत्रण किया जाता है। इनमें एक रिसीवर होता है, जो रिमोट कंट्रोल द्वारा प्रेषित विभिन्न प्रकार की तरंगों से संकेत ग्रहण करता है और इन्हीं के आदेश पर कार्य करता है। इस प्रकार के रोबोट अपने आप कुछ नहीं कर सकते। तरंगों के माध्यम से इन्हें जो भी आदेश दिया जाता है, वे उसी का पालन करते हैं। परमाणु संयंत्रों से रेडियोधर्मी कचरा उठाने वाले रोबोट इसी प्रकार के रोबॉट हैं।

चौथी श्रेणी के अंतर्गत अत्याधुनिक इलेक्ट्रॉनिक तकनीक द्वारा निर्मित संवेदक युक्त रोबोट आते हैं। इनमें विभिन्न प्रकार के *माइक्रो-प्रोसेसर* लगे होते हैं, जो प्रकाश, आर्द्रता, ताप, गैस आदि पर आधारित संवेदकों से संकेत ग्रहण करके इनके अनुसार कार्य करते हैं। सामान्यतः इनमें लेसर किरणों का प्रयोग किया जाता है। एक रोबोट में अनेक *माइक्रो-प्रोसेसर* होते हैं और ये सब मिलकर एक जटिल कंप्यूटर का निर्माण करते हैं। इसी कंप्यूटर की सहायता से दूर बैठे हुए वैज्ञानिक विभिन्न प्रकार की तरंगों द्वारा रोबोट पर नियंत्रण करते हैं। अंतरिक्ष में जाने वाले तथा विभिन्न ग्रहों का अध्ययन करने वाले रोबोट इसी प्रकार के रोबोट हैं।

विश्व के अद्‌भुत रोबोट

रोबोट-निर्माण के क्षेत्र में अमेरिका, जापान, इंग्लैंड, फ्रांस, जर्मनी, स्वीडन

और बेल्जियम विश्व के अग्रणी देशों की श्रेणी में आते हैं। इन देशों के वैज्ञानिकों ने ऐसे-ऐसे रोबोट तैयार किए हैं; जिनकी क्षमताओं पर सरलता से विश्वास नहीं होता। विश्व में सर्वप्रथम 1961 में अमेरिका की फोर्ड मोटर कंपनी द्वारा रोबोट के प्रयोग से औद्योगिक क्षेत्रों में काम करने वाले रोबोट का युग आरँभ हुआ। इसके बाद विभिन्न देशों ने बोझ ढोने वाले, सुरंगों और नालियों की सफाई करने वाले, ढलाई करने वाले, छपाई करने वाले, कीटनाशकों एवं रसायनों का छिड़काव करने वाले तथा इसी प्रकार के अन्य कार्य करने वाले रोबोट बनाए।

रोबोट के विकास में सिलिकॉन चिप और लेसर का महत्वपूर्ण योगदान है। इन्हीं की सहायता से 1982 में इंग्लैंड की हीथकिट कंपनी ने 'हीरो फर्स्ट' नामक रोबोट बनाया, जो कुत्तों को घुमाने का काम सफलतापूर्वक करता था। सन 1984 में अमरीकी वैज्ञानिकों ने 'टोपो' नामक एक चलता-फिरता रोबोट बनाया, जो अवरक्त किरणों की सहायता से नियंत्रित होने के कारण बड़ी सफलता से पहरेदार का कार्य कर सकता था। सन 1983 में जापान के एक वैज्ञानिक ने घरेलू कार्य करने वाला ऐसा रोबोट तैयार किया जो बारह भाषाएं समझता था और खाना

जूते उठाकर लाता हुआ घरेलू काम करने वाला रोबोट

मंगल ग्रह पर वाइकिंग प्रथम नामक रोबोट वहां की मिट्टी का नमूना लेते हुए

परोसने से लेकर बरतन साफ करने तक सभी काम कर सकता था। जापान के वैज्ञानिकों ने चिकित्सा-शास्त्रियों के सहयोग से मेलकांग नामक रोबोट तैयार किया, जो रोगी को अपनी बांहों में लेकर नहलाने, कपड़े पहनाने और पुनः उसे बिस्तर पर लिटाने का कार्य सफलतापूर्वक कर लेता था। सन 1984 में ही जापान के टोकियो कैंसर संस्थान के वैज्ञानिकों ने ऐसे डॉक्टर रोबोट का आविष्कार किया, जिसकी उंगलियों पर कृत्रिम त्वचा चढ़ी थी तथा यह कंप्यूटर से संयुक्त करने पर कैंसर का पता सरलता से लगा लेता था।

रोबोट का उपयोग चिकित्सा-विज्ञान के काफी पहले अंतरिक्ष-विज्ञान में आरंभ हो गया था। सन 1976 में मंगलग्रह पर उतरने वाले अंतरिक्ष-यान 'वाइकिंग प्रथम' के साथ गए रोबोट ने मंगल ग्रह के चित्र लिए थे एवं वहां की मिट्टी के नमूने खोदकर पृथ्वी पर भेजे थे। इन्हीं के आधार पर वैज्ञानिकों ने यह निष्कर्ष निकाला था कि मंगल ग्रह पर जीवन नहीं है। इसी तरह 1977 में वायजर-1 और वायजर-2 नामक अंतरिक्ष यानों के

साथ गए रोबोट ने बृहस्पति तथा शनि के चित्र भेजे थे एवं शनि के सैंतीस चंद्रमाओं का पता लगाया था। कनाडा के वैज्ञानिक ने अभी कुछ समय पूर्व 'स्पेस आर्म' नामक रोबोट बनाया है, जिस पर दस करोड़ डॉलर खर्च आया है। यह विशालकाय रोबोट अंतरिक्ष में बोझ ढोने का कार्य करेगा। सन 1985 में जापान के वैज्ञानिकों ने 'मूटी' नामक एक ऐसा रोबोट तैयार किया, जो परमाणु रिएक्टरों के मध्य से रेडियोधर्मी कचरे को निकालने का कार्य वर्षों से सफलतापूर्वक करता आ रहा है। यह अकेला रोबोट साठ व्यक्तियों के बराबर कार्य अकेले ही करता है और वह भी पूरी सुरक्षा के साथ। स्टैनफोर्ड विश्वविद्यालय के वैज्ञानिकों ने 'शैकी' नामक एक ऐसा रोबोट तैयार किया है, जो युद्ध-क्षेत्र में बिछाई गई बारूदी सुरंगों का सफलतापूर्वक पता लगा लेता है। यूरोप के अनेक देशों में 'साइलैम सैम' नामक रोबोट ही यातायात-नियंत्रण का कार्य पिछले कई वर्षों से कर रहे हैं। अब तो इनका उपयोग अमेरिका और कनाडा में भी आरंभ हो गया है। तेईस जून 1985 को एक भारतीय विमान दुर्घटनाग्रस्त होकर अटलांटिक महासागर में गिर गया था। इस दुर्घटना के कारण का पता विमान में लगे दो ब्लैक बॉक्सों से चल सकता था, किंतु महासागर की अथाह गहराई से ब्लैक बॉक्स ढूंढ़ निकालना आसान कार्य नहीं था। इस कार्य में अनेक रोबोट लगाए गए। अंत में फ्रांस के 'स्कारैब' नामक रोबोट को सफलता मिली और उसने मात्र तीन दिन में दोनों ब्लैक बॉक्सों को सागर से बाहर निकाल दिया। ये सभी आज के विख्यात रोबोट हैं, जो अपनी विलक्षण क्षमताओं के कारण विज्ञान जगत में महत्वपूर्ण स्थान रखते हैं। ब्रिटिश रोबोट एसोसिएशन की 1981 की एक रिपोर्ट के अनुसार 1980 में जापान में दस हजार, अमेरिका में पांच हजार, जर्मनी में ढाई हजार, स्वीडन में बारह सौ और इंग्लैंड में एक हजार रोबोट कार्य कर रहे थे।

भारतीय रोबोट

रोबोट-निर्माण के लिए विशेष प्रकार की उच्च तकनीक तथा वैज्ञानिक उपकरणों की आवश्यकता होती है। भारत के पास 1980 तक न तो उच्च तकनीक थी और न ही आवश्यक वैज्ञानिक उपकरण थे। इनके अभाव में भी भारत के कुछ वैज्ञानिक शोध संस्थानों एवं विश्वविद्यालयों में रोबोट-विज्ञान अर्थात रोबोटिक्स का अध्ययन आरंभ हुआ। रोबोट के निर्माण में पहली

सफलता हैदराबाद साइंस सोसाइटी को मिली। इस संस्थान के वैज्ञानिकों ने 1981 में स्वदेशी तकनीक पर आधारित भारत का पहला रोबोट बनाया तथा दूसरा रोबोट 1982 में तैयार किया। ये दोनों रोबोट 1982 में मुंबई में आयोजित एक अंतरराष्ट्रीय प्रदर्शनी में प्रदर्शित किए गए थे। इसके बाद भारत के कई वैज्ञानिक शोध संस्थानों में रोबोट बनाए गए। सन 1983 में बालचंद नागर इंडस्ट्रीज के सहयोग से एक रोबोट बनाया गया, जो तीन पहियों पर चलता था। इसका प्रदर्शन 1983 में आयोजित दिल्ली व्यापार मेले में किया गया था।
सन 1990 में हरियाणा स्टेट इलेक्ट्रॉनिक्स डेवलपमेंट कारपोरेशन लिमिटेड, चंडीगढ़ के तीन वैज्ञानिकों– डॉ. एस.के. बलायन, डॉ. आर.एस. धनकर और डॉ. के. कुमार ने ऐसे एक भुजा वाले रोबोट का निर्माण किया, जो पांच प्रकार के कार्य कर सकता है। इस उपलब्धि के लिए नेशनल रिसर्च डेवलपमेंट कारपोरशन, नई दिल्ली ने रोबोट का निर्माण करने वाले इस संस्थान के तीनों वैज्ञानिकों को संयुक्त रूप से पुरस्कृत किया था।

इस समय भारत में रोबोट-निर्माण का कार्य काफी प्रगति पर है। भाभा परमाणु अनुसंधान केंद्र मुंबई ने रेडियोधर्मी क्षेत्र में कार्य करने के लिए अनेक रोबोट तैयार किए हैं, जो पूरी कुशलता के साथ अपना कार्य कर रहे हैं। भारतीय उद्योगों में भी रोबोट उपयोग में लाए जा रहे हैं। गुड़गांव स्थित विख्यात कार निर्माण कंपनी मारुति लिमिटेड में कारों की बॉडी की वेल्डिंग का कार्य रोबोट द्वारा ही किया जाता है। भारतीय वैज्ञानिक ही नहीं, स्कूल में पढ़ने वाले छात्र भी रोबोटिक्स में गहरी रुचि ले रहे हैं, यह बात सिटी मांटेसरी स्कूल, लखनऊ के छात्र रहे। आशीष कुमार ने सिद्ध कर दी है। आशीष कुमार द्वारा बनाए गए रोबोट को 20 सितंबर 1990 को ग्रेट ब्रिटेन में आयोजित अंतरराष्ट्रीय रोबोट प्रतियोगिता 1990 में तृतीय स्थान मिला था। इस प्रतियोगिता में विश्व के 52 वैज्ञानिकों द्वारा बनाए गए रोबोट सम्मिलित हुए थे। इस समय भारत के 'भारतीय प्रोद्योगिकी संस्थान, दिल्ली; हैदराबाद साइंस सोसाइटी, हैदराबाद; 'भारतीय विज्ञान संस्थान, बंगलौर; भाभा परमाणु अनुसंधान केंद्र, मुंबई आदि वैज्ञानिक संस्थानों में रोबोट-निर्माण का कार्य प्रगति पर है।

भारत ही नहीं बल्कि संपूर्ण विश्व में रोबोट-निर्माण का कार्य अभी अपने प्राथमिक चरण में है। अमेरिका, जापान, जर्मनी, इंग्लैंड, फ्रांस तथा स्वीडन ने

अत्याधुनिक रोबोट-निर्माण के लिए वैज्ञानिकों के दल गठित किए हैं, जो अधिक शक्तिशाली तथा बुद्धिमान रोबोट बनाने में लगातार कार्यरत हैं। इस दिशा में कुछ देशों को आश्चर्यजनक सफलता भी मिली है। अभी तक रोबोट में चिप का प्रयोग होता था, किंतु अब इसकी दक्षता बढ़ाने के लिए जर्मन वैज्ञानिकों ने इसके लिए मेगाविट परियोजना आरंभ की है। यह योजना सफल रही तो रोबोट की दक्षता में सैकड़ों गुना वृद्धि हो जाएगी।

रोबोट की प्रगति को देखते हुए ऐसा लगता है कि इस सदी में रोबोट हमारे सबसे बड़े और उपयोगी साथी होंगे। ये हमारे लिए बाज़ार से सामान लाएंगे, घर के काम करेंगे, साथ खेलेंगे और भी हम जो चाहेंगे, वे काम रोबोट करेंगे।

लेकिन रोबोटों की भूमिका खतरनाक भी हो सकती है, क्योंकि इनमें मानव के समान संवेदनाए नहीं होतीं। इन्हें जो भी काम दिया जाता है, उसे कर ही डालते हैं। रोबोट के कार्य करते समय यदि उसका मालिक भी आ जाए तो यह उसे नहीं पहचानते। इस तरह अनेक लोग रोबोट के हाथों अपनी जान गंवा चुके हैं। यही कारण है कि आधुनिक वैज्ञानिक ऐसे रोबोट का निर्माण करने हेतु प्रयत्नशील हैं, जिसमें संवेदनाएं भी हों।

अंडा उठाता हुआ घरेलू काम करने वाला एक रोबोट

अतिचालकता

बीसवीं सदी के वैज्ञानिक आविष्कारों का जब कभी भी इतिहास लिखा जाएगा तो इसमें तीन आविष्कारों या खोजों के नाम शीर्ष पर होंगे। पहला—चिप, दूसरा—लेसर और तीसरा—अतिचालकता अर्थात *सुपर कंडक्टिविटी*। इन तीनों में कौन-सा अधिक महत्वपूर्ण है, इसका निर्णय अभी नहीं किया जा सकता, किंतु ये तीनों ही इस शताब्दी के महानतम वैज्ञानिक चमत्कार हैं। इनकी महानता का अनुमान इसी बात से लगाया जा सकता है कि वर्तमान समय में जो भी वैज्ञानिक प्रयोग किए जा रहे हैं, उन सभी में किसी न किसी रूप में इनमें से कम से कम एक का उपयोग अवश्य हो रहा है।

'चिप' का चमत्कार

वर्तमान सदी का पहला महत्वपूर्ण आविष्कार है, 'चिप'। आधुनिकतम टेलीविजन, कंप्यूटर तथा रोबॉट आदि का आधार चिप ही है। चिप की विलक्षणता का अनुमान इसी बात से लगाया जा सकता है कि इसकी सहायता से पांच सौ करोड़ से भी अधिक जानकारियों को कैसेट के आकार की एक फ्लॉपी डिस्क में भरा जा सकता है। सन 1992 में इंग्लैंड की एक व्यावसायिक कंपनी ने संपूर्ण *एन्साइक्लोपीडिया ब्रिटेनिका* को एक फ्लॉपी डिस्क में भरकर चिप की उपयोगिता को सिद्ध कर दिया। दूसरी महत्वपूर्ण खोज है 'लेसर'। लेसर एक अत्यंत शक्तिशाली प्रकाश-किरण है। इसकी शक्ति का अनुमान इसी बात से लगाया जा सकता है कि यह पृथ्वी के कठोर से कठोर पदार्थ को भी कुछ ही क्षणों में पिघलाकर वाष्प में परिवर्तित कर सकती है। इसकी एक किरण पृथ्वी से चंद्रमा तक सीधी जाकर, उसे प्रकाशित करके पुनः पृथ्वी पर लौटने की क्षमता रखती है। वर्तमान समय में कपड़ों की कटाई से लेकर पानी के जहाजों की लोहे की मोटी-मोटी चादरों को काटने तथा सागर की अथाह गहराइयों के नीचे सुरंगें खोदने जैसे कार्य लेसर से किए जा रहे हैं। आधुनिक चिकित्सा-शास्त्रियों ने 'लेसर' और 'चिप' के सहयोग से ऐसे अद्भुत यंत्रों का आविष्कार किया है, जिनसे

चिकित्सा-विज्ञान में क्रांति आ गई है तथा बड़े से बड़े असाध्य रोगों का इलाज भी संभव हो गया है।

अतिचालकता का वरदान

बीसवीं सदी की तीसरी विलक्षण खोज है 'अतिचालकता' अर्थात *सुपर कंडक्टिविटी।* यह खोज अभी अधूरी है, किंतु वैज्ञानिकों को विश्वास है कि जल्द ही इसे पूरा कर लिया जाएगा। अतिचालकता की खोज जिस दिन पूरी होगी, वह दिन विज्ञान के इतिहास में स्वर्णाक्षरों में लिखा जाएगा।

वैज्ञानिकों के अनुसार अतिचालकता के के पूर्ण होते ही चुंबकीय आकर्षण के सहारे चलने वाली रेलगाड़ियां तीव्र गति से दौड़ने लगेंगी, पहले की तुलना में बहुत ही छोटे, किंतु अत्यधिक शक्तिशाली कंप्यूटर बनेंगे तथा विखंडन के स्थान पर संगलन प्रक्रिया पर आधारित परमाणु रिएक्टर कार्य करेंगे, जो पूरी तरह सुरक्षित होंगे। इतना ही नहीं, इससे विभिन्न क्षेत्रों में इतना परिवर्तन आ जाएगा, जिसकी अभी कल्पना भी नहीं की जा सकती। विख्यात वैज्ञानिक रॉबर्ट कावा के अनुसार, 'हम नहीं जानते कि अतिचालकता भविष्य में क्या-क्या चमत्कार दिखाएगी, किंतु यह सब अत्यंत रोमांचक है और साथ ही साथ कुछ भयप्रद भी।'

चालक और अतिचालक

अतिचालकता क्या है, इसकी खोज का इतिहास क्या है, अतिचालकता का किन-किन क्षेत्रों में उपयोग किया जा सकता है, आदि बातों को समझने के पहले चालक और अतिचालक को समझना आवश्यक है।

विद्युत से हम सभी परिचित हैं। रेडियो, टेलीविजन, पंखा, ट्यूब लाइट, बल्ब, वॉशिंग मशीन, हीटर, कूलर, रेफ्रीजरेटर आदि विद्युत की सहायता से चलते हैं। विद्युत का प्रयोग रेलगाड़ियां खींचने और कारखानों की बड़ी-बड़ी मशीनों को चलाने के लिए भी किया जाता है। इस विद्युत का उत्पादन विभिन्न प्रकार के बिजलीघरों में किया जाता है, जहां से तारों द्वारा इसे विभिन्न स्थानों पर पहुंचाया जाता है। ये तार कुछ विशिष्ट धातुओं के ही बनाए जाते हैं, क्योंकि कुछ धातुओं में विद्युत का प्रवाह तीव्र होता है तो कुछ में मंद और कुछ में होता ही नहीं। जिनमें विद्युत का प्रवाह अच्छा होता है, उन्हें 'सुचालक' कहते हैं तथा जिनमें विद्युत का प्रवाह ठीक से नहीं होता, उन्हें 'कुचालक' कहते

हैं। जिन पदार्थों में विद्युत का प्रवाह बिल्कुल नहीं होता, उन्हें 'अचालक' कहा जाता है। यदि विद्युत-धारा को कुचालक से बने तारों से प्रवाहित किया जाए तो विद्युत का बहुत क्षय होगा। यही कारण है कि विद्युत-धारा को एक स्थान से दूसरे स्थान तक पहुंचाने के लिए ऐसी धातु के तारों का प्रयोग किया जाता है, जो मजबूत होने के साथ ही साथ सुचालक भी हो, किंतु सुचालक के माध्यम से विद्युत-धारा को एक स्थान से दूसरे स्थान तक पहुंचाने में भी विद्युत का क्षय होता है, अर्थात विद्युत का एक बहुत बड़ा भाग उपयोग में आने के पूर्व ही नष्ट हो जाता है। वैज्ञानिकों का मत है कि जब विद्युत-धारा तारों से होकर गुजरती है तो इसकी प्रतिरोधक शक्ति के कारण तार गरम हो जाते हैं तथा इसमें विद्युत का बीस से पच्चीस प्रतिशत भाग नष्ट हो जाता है। यही कारण था, जिसने विश्व के अनेक देशों के वैज्ञानिकों को एक ऐसे चालक की खोज के लिए बाध्य किया, जिसमें विद्युत का क्षय बिल्कुल ही न हो। आधुनिक वैज्ञानिकों ने ऐसी धातुओं तथा मिश्र धातुओं की खोज करने में सफलता प्राप्त की है, जिन्हें यदि एक निश्चित तापक्रम पर लाया जाए तो इनकी प्रतिरोधक क्षमता समाप्त हो जाती है, अर्थात यदि इस निश्चित तापक्रम पर इनमें विद्युत-धारा प्रवाहित की जाए तो उसका एक प्रतिशत अंश भी नष्ट नहीं होगा। इन धातुओं तथा मिश्र धातुओं को अतिचालक कहते हैं एवं इनके इस गुण को अतिचालकता कहते हैं। वास्तव में अतिचालकता का गुण सभी धातुओं तथा मिश्रित धातुओं में होता है अर्थात सभी धातुओं तथा मिश्र धातुओं को अतिचालक बनाया जा सकता है किंतु जिस तापक्रम पर ये अतिचालक बनती हैं, वह तापक्रम सभी में भिन्न-भिन्न होता है।

अतिचालकता का सिद्धांत

अमेरिका की आयोवा स्टेट यूनिवर्सिटी में भौतिक विज्ञान के प्रोफेसर डगलस फाइनफोर ने अतिचालकता के जटिल सिद्धांत को बड़े ही सरल ढंग से समझाया है। प्रोफेसर डगलस ने इलेक्ट्रॉनों के प्रवाह की तुलना फुटबाल के मैदान में चलने वाली भीड़ से की है। अपनी बात को स्पष्ट करते हुए वे कहते हैं कि भीड़ की दो स्थितियां हो सकती हैं—यदि लोग अलग-अलग दिशाओं में दौड़ लगाएंगें तो आपस में टकराएंगे और एक-दूसरे से उलझकर रह जाएंगे। यह विद्युतीय प्रतिरोध (इलेक्ट्रिकल रेसिस्टेंस) की स्थिति है। यदि लोग एक-दूसरे का

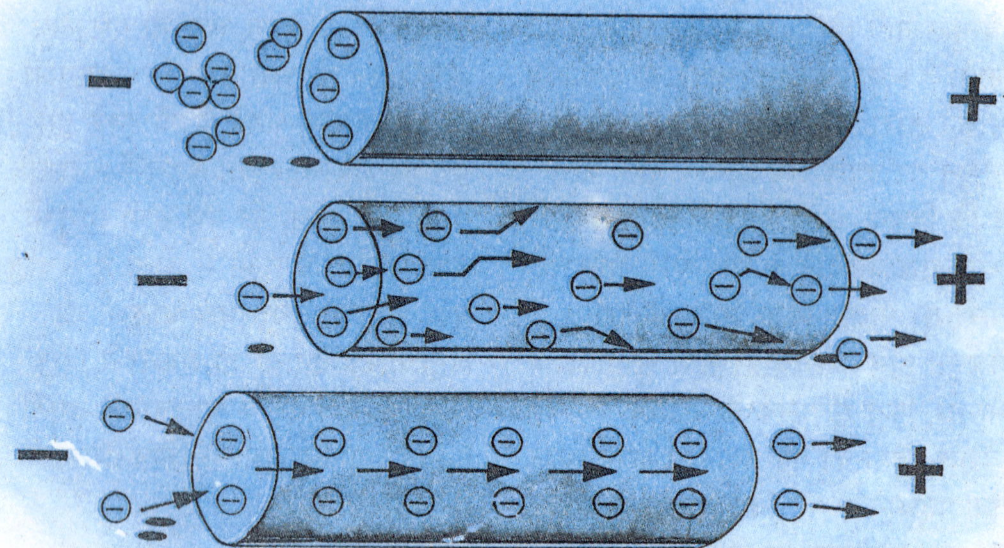

तीन प्रकार के पदार्थों—अचालक (ऊपर), सुचालक (मध्य में), अतिचालक (नीचे) में इलेक्ट्रॉनों का प्रवाह

हाथ पकड़कर एक ही दिशा में एक लय-ताल पर चलेंगे तो वे कभी भी न तो आपस में टकराएंगे और न ही एक-दूसरे से उलझेंगे। इतना ही नहीं, यदि किसी व्यक्ति का पैर गड्ढे में पड़ जाता है तो उसके अन्य साथी उसे गिरने नहीं देंगे और संभाल लेंगे। अतिचालक पदार्थ में विद्युत की यही दूसरी स्थिति है, अर्थात इसमें इलेक्ट्रॉन बिना किसी अवरोध के आगे बढ़ते हैं।

अतिचालकता के क्षेत्र में कार्यरत वैज्ञानिकों ने इलेक्ट्रॉनों के मुक्त और घर्षणरहित प्रवाह के सिद्धांत के आधार पर ही अत्यंत छोटे आकार के तथा शक्तिशाली कंप्यूटर के निर्माण की कल्पना की है। उनका मत है कि कंप्यूटरों में प्रयुक्त होने वाले माइक्रोचिप्स में अधिक से अधिक परिपथों का निर्माण करने तथा इन्हें छोटे-से स्थान में बैठाने का प्रयास किया जाता है, किंतु निकटता अधिक होने से परिपथों में प्रवाहित विद्युत-धारा अधिक ताप पैदा करती है, जिससे

उपकरण क्षतिग्रस्त हो जाते हैं। अतिचालकता की खोज पूरी हो जाने पर परिपथों में विद्युत-प्रवाह घर्षणरहित होगा, अर्थात विद्युत धारा किसी प्रकार का ताप नहीं उत्पन्न करेगी। इससे कम से कम स्थान पर अधिक से अधिक परिपथों वाली माइक्रोचिप्स लगाई जा सकेंगी और इस प्रकार बहुत ही छोटे आकार के अत्यंत शक्तिशाली कंप्यूटर बनाना संभव हो जाएगा।

एन्साइक्लोपीडिया ब्रिटेनिका के अनुसार अतिचालकता के गुण की खोज

डॉ. कैमरलिंग ओन्नेस

सर्वप्रथम 1911 में स्वीडन की ल्वीडेन यूनिवर्सिटी के विख्यात वैज्ञानिक हाइके कैमरलिंग ओन्नेस ने की थी।

वैज्ञानिक डॉ. कैमरलिंग हीलियम गैस को द्रव रूप में प्राप्त करने के लिए प्रयोग कर रहे थे। इस कार्य में उन्हें 1908 में सफलता मिली। वे हीलियम को द्रव रूप में प्राप्त करने में तो सफल हो गए, किंतु इसके लिए उन्हें हीलियम को -273° सेल्सियस तक ठंडा करना पड़ा। इस कार्य को पूरा करने के बाद वे अन्य प्रयोगों में लग गए। एक बार डॉ. कैमरलिंग ने पारे को द्रव हीलियम में डुबोकर एक ठोस तार का रूप दिया और उसमें विद्युत-धारा प्रवाहित की। डॉ. कैमरलिंग के लिए यह एक साधारण प्रयोग था, किंतु जब उन्होंने देखा कि काफी समय बीत जाने के बाद भी तार में विद्युत धारा अविरल बह रही है तो वे चकित रह गए। डॉ. कैमरलिंग बड़ी देर तक इस चमत्कार को देखते रहे और अंत में उन्होंने अपनी इस खोज को नाम दिया, 'अतिचालकता'। इस तरह डॉ. कैमरलिंग ओन्नेस द्वारा पहले अतिचालक की खोज की गई।

क्रांतिक तापक्रम

डॉ. कैमरलिंग को इस अद्भुत खोज ने बहुत प्रभावित किया था। अतः उन्होंने इस पर आगे कार्य करने का निश्चय किया। उन्हें पारे के तार में अतिचालक का गुण उत्पन्न करने के लिए उसे -269° सेल्सियस तक ठंडा करना पड़ा था। अब उन्होंने टिन, सीसा तथा इसी प्रकार की अन्य धातुओं में अतिचालकता

की खोज के लिए प्रयोग आरंभ किए। डॉ. कैमरलिंग को उस समय बड़ा आश्चर्य हुआ, जब उन्होंने अपने प्रयोगों के दौरान देखा कि एक निश्चित तापक्रम तक ठंडा करने पर प्रत्येक धातु में अतिचालक का गुण उत्पन्न हो जाता है। इस तापक्रम को नाम दिया गया—क्रांतिक तापक्रम या 'क्रिटिकल टेंपरेचर'। प्रत्येक धातु तथा मिश्र धातु का क्रांतिक तापक्रम अलग-अलग था। डॉ. एच. कैमरलिंग ओन्नेस को उनकी इस महान उपलब्धि के लिए 1913 में भौतिक विज्ञान का नोबेल पुरस्कार प्रदान किया गया।

डॉ. कैमरलिंग के इस आविष्कार ने संपूर्ण विज्ञान जगत में क्रांति उत्पन्न कर दी। उनकी इस खोज के संबंध में विश्व के सभी देशों के वैज्ञानिक तरह-तरह की आशंकाएं तथा संभावनाएं व्यक्त करने लगे। इसके बाद अमेरिका, रूस, चीन, जापान, जर्मनी तथा इंग्लैंड के वैज्ञानिकों ने अतिचालकता की खोज पर सर्वाधिक ध्यांन दिया और इसके महत्व को समझते हुए इस पर प्रयोग आरंभ कर दिए तथापि विश्व के सभी देशों के वैज्ञानिकों के सम्मुख दो समस्याएं थीं। पहली समस्या तो यह थी कि द्रव हीलियम जैसी मूल्यवान वस्तु के प्रयोग के कारण कैमरलिंग की विधि अत्यधिक खर्चीली थी। दूसरी समस्या यह थी कि इस विधि से अत्यधिक न्यून तापमान पर बनाए गए अतिचालकों का अधिक उपयोग नहीं किया जा सकता था।

सर्वप्रथम वैज्ञानिकों ने इन दोनों ही समस्याओं पर नियंत्रण के प्रयास आरंभ किए। एक ओर वे ऐसे पदार्थ की खोज में जुट गए, जिसे द्रव हीलियम के स्थान पर प्रयोग किया जा सके तथा दूसरी ओर उन्होंने ऐसी मिश्र धातुओं (सिरेमिक्स) की खोज आरंभ की जिनमें अतिचालकता का गुण उत्पन्न करने के लिए उन्हें कम से कम ठंडा करना पड़े।

अतिचालकता पर विश्व के अधिकतर देशों के वैज्ञानिक काम कर रहे थे, अतः शीघ्र ही सफलताएं मिलने लगीं। पहली सफलता थी—द्रव हीलियम का विकल्प। जो कार्य द्रव हीलियम द्वारा किया जा सकता था, वही कार्य द्रव हाइड्रोजन द्वारा भी किया जा सकता है, किंतु द्रव हाइड्रोजन भी काफी महंगी पड़ती थी और अत्यंत ज्वलनशील होने के कारण इससे हमेशा किसी दुर्घटना की आशंका बनी रहती थी। इतना होते हुए भी इस खोज को काफी महत्वपूर्ण माना गया।

माइजनर प्रभाव

सन 1933 में जर्मन वैज्ञानिक वाल्टर माइजनर ने अतिचालकों के एक विशेष

गुणधर्म के बारे में पता लगाया। उसने बताया कि किसी अतिचालक के ऊपर जब कोई चुंबक रखा जाता है तो वह अतिचालक को छूता नहीं है बल्कि उसके ऊपर हवा में तैरने लगता है। इस गुण को माइजनर प्रभाव के नाम से जाना जाता है। किसी पदार्थ के अतिचालक होने या न होने के बारे में पता लगाने का आज यह आसान और प्रचलित तरीका है।

धीरे-धीरे वैज्ञानिकों को अतिचालकता से संबंधित धातुओं तथा मिश्र धातुओं की खोज में भी सफलताएं मिलनी आरंभ हो गईं। इस दिशा में पहली सफलता 1973 में मिली। उसी वर्ष 1973 में जर्मेनियम तथा निबोडियम नामक दो

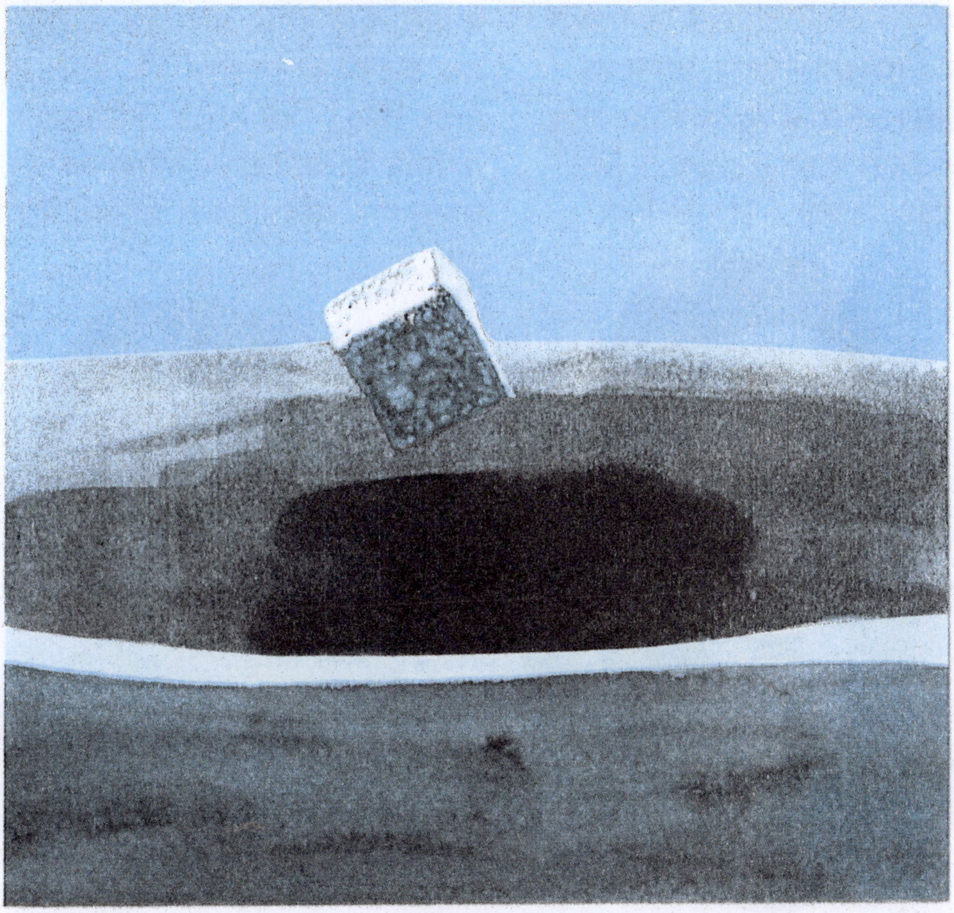

माइजनर प्रभाव

मिश्र धातुओं की खोज की गई, जिनमें -250° सेल्सियस पर अतिचालकता का गुण उत्पन्न हो जाता था। इसके बाद 1986 में स्विट्जरलैंड की आई.बी.एम. अनुसंधानशाला में कार्यरत दो वैज्ञानिकों जे. जॉर्ज बेडनोर्ज तथा कार्ल अलेक्सम्यूलर ने कॉपर ऑक्साइड, लैथेनियम तथा बेरियम को मिलाकर एक ऐसी मिश्र धातु बनाने में सफलता प्राप्त की जिसमें -250° सेल्सियस के तापक्रम पर अतिचालकता का गुण उत्पन्न हो जाता था। इन दोनों वैज्ञानिकों को आगे चलकर इनकी महान उपलब्धि के लिए वर्ष 1989 का नोबेल पुरस्कार दिया गया। इस उपलब्धि कुछ ही समय बाद जनवरी 1987 में अमेरिका की के.आर.टी. लेबोरेटरी तथा जापान के टोकियो विश्वविद्यालय वैज्ञानिक एक ऐसी मिश्र धातु बनाने में सफल हो गए जो -233° सेल्सियस पर अतिचालक बन जाती थी। इस खोज के मात्र एक महीने बाद ही ह्यूस्टन विश्वविद्यालय अमेरिका के दो वैज्ञानिकों माउ क्वैन तु तथा के.पाल. चू ने कॉपर ऑक्साइड, बेरियम तथा इट्रियम को मिलाकर एक यौगिक तैयार किया। जिसे -183° सेल्सियस के तापमान पर अतिचालक बनाया जा सकता था। अतिचालकता के संबंध में

जे. जॉज बडनार्ज

काल एलक्सम्यूलर

ह्यूस्टन विश्वविद्यालय के प्रोफेसर पाल.सी.डब्ल्यू.यू. के प्रयोग अत्यंत महत्वपूर्ण हैं। प्रोफेसर यू ने आई.बी.एम. अनुसंधानशाला स्विट्जरलैंड में तैयार की गई मिश्र धातु पर दबाव संबंधी प्रयोग किए और यह निष्कर्ष निकाला कि मिश्र धातु पर सामान्य वायुमंडलीय दबाव से दस हजार गुना से लेकर बारह हजार गुना तक दबाव डाला जाए तो वह -221° सेल्सियस तापक्रम पर अतिचालक बन जाता है, किंतु रासायनिक तत्व मिट्रियम में केवल -180° सेल्सियस के तापक्रम पर ही अतिचालकता का गुण उत्पन्न हो जाता है। यह अपने समय का एक कीर्तिमान था। प्रोफेसर यू ने इस उपलब्धि के एक हफ्ते के भीतर पुनः एक नया कीर्तिमान स्थापित किया और एक नई मिश्र धातु को मात्र -175° सेल्सियस के तापक्रम पर अतिचालक बनाने में सफलता प्राप्त की।

अतिचालक की खोज पर अभी तक कुछ गिने-चुने संपन्न देशों के वैज्ञानिक ही प्रयोग कर रहे थे। इन वैज्ञानिकों का उद्देश्य मात्र एक ऐसी मिश्र धातु का निर्माण करना था जो सामान्य ताप और दाब पर अतिचालक बन जाता हो। इस समय तक विश्व के वैज्ञानिक अतिचालक की उपयोगिता और इसके महत्व को पूरी तरह समझ नहीं पाए थे, अतः मार्च 1987 में अमेरिकन फिजिकल सोसाइटी के वैज्ञानिकों ने अतिचालक की उपयोगिता और महत्व को स्पष्ट करने के लिए एक अंतरराष्ट्रीय गोष्ठी का आयोजन किया। इस गोष्ठी में अनेक चमत्कारिक रहस्योद्‌घाटन हुए तथा अतिचालक पर काम करने वाले वैज्ञानिकों को अतिचालक के चुंबकीय क्षेत्र, ऊर्जा की आश्चर्यजनक बचत, परमाणु-विखंडन आदि के संबंध में अनेक ऐसी बातें मालूम हुईं, जिनसे उनमें सनसनी फैल गई। इस गोष्ठी की सफलता का अनुमान इसी बात से लगाया जा सकता है कि 1987 तक केवल अमेरिका, इंग्लैंड, जर्मनी, स्विटजरलैंड जैसे कुछ ही देशों के वैज्ञानिक अतिचालकता पर कार्य कर रहे थे, किंतु गोष्ठी की समाप्ति के मात्र दो महीने के भीतर ही विश्व के पच्चीस से अधिक देशों में अतिचालकता पर कार्य आरंभ हो गया।

विभिन्न प्रयास

अतिचालकता के क्षेत्र में चीन तथा जापान के वैज्ञानिकों का योगदान भी कम नहीं है। चीनी विज्ञान अकादमी के वैज्ञानिकों ने अप्रैल 1987 में कॉपर ऑक्साइड की सहायता से एक ऐसी मिश्र धातु बना डाली, जिसमें -58° सेल्सियस

पर अतिचालकता का गुण उत्पन्न किया जा सकता था। इसके कुछ ही समय बाद इंग्लैंड की वायना स्टेट यूनिवर्सिटी के वैज्ञानिकों ने एक ऐसी मिश्र धातु तैयार करने में सफलता प्राप्त की जो केवल -33° सेल्सियस पर अतिचालक बन जाती थी। इस समय अतिचालकता के क्षेत्र में जापान सबसे आगे है। जापान के वैज्ञानिकों ने एक ऐसी मिश्र धातु बनाने में सफलता प्राप्त की है, जो मात्र -14° सेल्सियस पर अतिचालक बन जाती है।

अतिचालकता के क्षेत्र में होने वाली इन उपलब्धियों से एक लाभ यह हुआ कि अब कॉपर ऑक्साइड के साथ मिलाकर बनाई गई मिश्र धातुओं में अतिचालकता का गुण उत्पन्न करने के लिए अर्थात उनका तापक्रम गिराने के लिए द्रव हीलियम या द्रव हाइड्रोजन की आवश्यकता नहीं रह गई तथा यह कार्य द्रव नाइट्रोजन से किया जाने लगा। द्रव नाइट्रोजन तुलनात्मक रूप से काफी सस्ता पड़ता है एवं इसके प्रयोग से किसी प्रकार की दुर्घटना की आशंका भी नहीं रहती है।

विश्व भर के वैज्ञानिकों द्वारा अतिचालकता के क्षेत्र में की जा रही इतनी खोजों के बाद भी अतिचालकता की खोज अभी अधूरी है। यह खोज

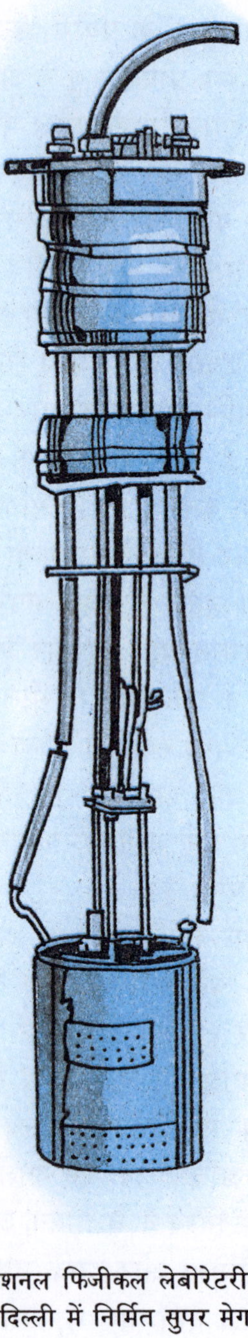

नेशनल फिजीकल लेबोरेटरी, नई दिल्ली में निर्मित सुपर मेगनेट

तभी पूर्ण होगी, जब एक ऐसी मिश्र धातु तैयार कर ली जाएगी, जो सामान्य तापक्रम पर अतिचालक बन जाए और उस धातु में अति चालकता का गुण पैदा करने के लिए द्रव हीलियम, द्रव हाइड्रोजन या द्रव नाइट्रोजन की आवश्यकता नहीं पड़े। अतिचालकता के क्षेत्र में अध्ययन करने वाले वैज्ञानिकों के समक्ष मिश्र धातुओं में सामान्य तापक्रम पर अतिचालकता का गुण उत्पन्न करने के साथ ही दूसरी अनेक समस्याएं भी हैं। इनमें से एक है तन्यता की समस्या। सामान्यतः धातुओं को तोड़ा या मोड़ा जा सकता है, अर्थात उनको खींचकर तार बनाए जा सकते हैं, मिश्र धातुओं में यह गुण नहीं होता अर्थात अन्य धातुओं की तरह इसके तार नहीं बनाए जा सकते। अभी कुछ समय पूर्व शिकागो की आरगोन राष्ट्रीय प्रयोगशाला के वैज्ञानिकों ने इस दिशा में एक महत्वपूर्ण उपलब्धि प्राप्त की है। उन्होंने मिश्र धातुओं पर एक रसायन का छिड़काव करके उनमें तन्यता का गुण उत्पन्न करने में सफलता पाई है। इस प्रयोगशाला के वैज्ञानिकों ने दावा किया है कि उनके द्वारा तैयार की गई मिश्र धातु इतनी लचीली है कि उससे चुंबकीय कुंडली और बिजली के तार सरलता से तैयार किए जा सकते हैं।

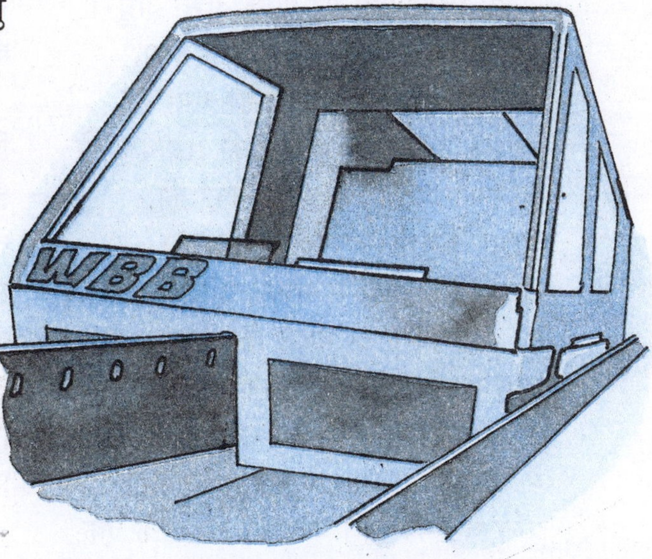

जापानी रेलगाड़ी मेगलेव

अतिचालकता के क्षेत्र में मिलने वाली सफलताओं से यह स्पष्ट हो गया है कि विश्व के वैज्ञानिकों को पूर्ण सफलता प्राप्त करने में भले ही कुछ और समय लगे किंतु सफलता अवश्य मिलेगी। इस समय अमेरिका, जर्मनी, इंग्लैंड, स्विटजरलैंड, फ्रांस तथा जापान आदि देशों के वैज्ञानिक अपनी पूरी क्षमताओं के साथ अतिचालकता की खोज में लगे हुए हैं और लगभग प्रतिमाह किसी न किसी अद्‌भुत मिश्र धातु का निर्माण कर रहे हैं। उनका विश्वास है कि कुछ वर्षों में इस खोज को निश्चित रूप से पूरा कर लिया जाएगा।

अतिचालकता की खोज अभी अधूरी है, किंतु परिवहन के क्षेत्र में इसका उपयोग अभी से आरंभ हो गया है। जापान ने द्रव नाइट्रोजन की सहायता से अतिचालक तैयार करके विश्व की आधुनिकतम रेलगाड़ी मेगलेव का आविष्कार करने में सफलता प्राप्त की है। यह रेलगाड़ी बहुत तेज चलती है तथा पटरी से थोड़ा ऊपर उठी रहती है। सन 1989 में किए गए एक परीक्षण में जापानी मेगलेव ने 523 किलोमीटर प्रति घंटे की गति का प्रदर्शन करके एक विश्व-कीर्तिमान स्थापित किया था। इस कीर्तिमान को अभी तक तोड़ा नहीं जा सका है। इस समय जापान के साथ ही जर्मनी तथा अमेरिका में भी मेगलेव रेलगाड़ियां चलाने की जोरदार तैयारियां हो रही हैं।

भविष्य में बनने वाले अतिचालकों से विश्व के वैज्ञानिकों को काफी आशाएं हैं। इनके आविष्कार के बाद ऊर्जा के नए स्रोत प्राप्त होंगे, विद्युत की कमी की समस्या का निराकरण हो जाएगा तथा नए-नए वैज्ञानिक आविष्कार होंगे। अभी अधिकारपूर्वक यह नहीं कहा जा सकता कि अतिचालकों का किन-किन क्षेत्रों में प्रयोग किया जा सकता है किंतु इतना अवश्य है कि इसके द्वारा दूरसंचार और परिवहन के क्षेत्र में क्रांति आ जाएगी, चिकित्सा-विज्ञान की अभूतपूर्व प्रगति होगी एवं अंतरिक्ष के अध्ययन में उल्लेखनीय सफलताएं प्राप्त होंगी।